La strada della vita

La strada della vita

ALDIVAN TORRES

Canary Of Joy

CONTENTS

1   1

La strada della vita
Aldivan Torres

La strada della vita

Autore: Aldivan Torres
©*2020-* Aldivan Torres
Tutti i diritti riservati.
Serie: Coltivare la saggezza

Questo libro, comprese tutte le sue parti, è protetto da copyright e non può essere riprodotto senza il permesso dell'autore, rivenduto o scaricato.

Aldivan Torres *è uno scrittore consolidato in diversi generi. Finora, i titoli sono stati pubblicati in dozzine di lingue. Fin da piccolo è da sempre amante dell'arte della scrittura, avendo consolidato una carriera professionale dalla seconda metà del 2013. Spera, con i suoi scritti, di contribuire alla cultura internazionale, suscitando il piacere di leggere in coloro che non hanno l'abitudine. La vostra missione è conquistare il cuore di ciascuno dei vostri lettori. Oltre alla letteratura, i suoi principali divertimenti sono la musica, i viaggi, gli amici, la famiglia e il piacere della vita stessa. "Per la letteratura, l'uguaglianza, la fraternità, la giustizia, la dignità e l'onore dell'essere umano sempre"* è il suo motto.

Il percorso

Saper essere critici
Maestri della vita
Legge di ritorno
Un momento di angoscia
Il rapporto di raccolta delle piante
Dare o non dare l'elemosina?
L'atto dell'insegnamento e dell'apprendimento
Come agire di fronte al tradimento
L'amore genera più amore
Agire a nome dei poveri, degli esclusi e dei subordinati
Messaggio finale
La strada del benessere
Il percorso
Le vie di Dio
I buoni maestri e apprendisti
Buone pratiche per rimanere sobri
Il valore attraverso l'esempio
La sensazione nell'universo
Sentirsi divini
Cambiare la routine
La disuguaglianza mondiale inversa la giustizia
Il potere della musica
Come combattere il male
Io sono l'incomprensibile
Problemi
Al lavoro
Viaggio
Ricerca di diritti
Credi nel pieno amore
Saper gestire una relazione
Il massaggio
L'adozione di valori morali
Avere lo spirito di un vero amico

Azioni da osservare
Cura per l'alimentazione
Consigli per vivere a lungo e bene
Danza
Digiuno
Il concetto di Dio
Passaggi di miglioramento
Caratteristiche della mente
Come dovrei sentirmi?
Il ruolo dell'istruzione
Conclusione
Vincere per fede
Vittoria sui nemici spirituali e carnale
Il rapporto uomo-Dio
Credere in Jahvè nel dolore
Essere un uomo onesto di fede
I Cristo
La missione dell'uomo
Sii il Cristo
I due percorsi
La scelta
La mia esperienza
Sta a noi
Destinazione
Regno della Luce, ottobre 1982
La missione
Il significato della visione
Autenticità in un mondo corrotto
Tristezza nei momenti difficili
Vivere in un mondo corrotto
Finché esisterà il bene, la terra rimarrà
I Giusti non saranno scossi
Sii l'eccezione

La mia fortezza
I valori
Alla ricerca della pace interiore
Il Dio Creatore
Vero amore
Riconoscersi peccatore e limitato
L'influenza del mondo moderno
Come integrarsi con il padre
L'importanza della comunicazione
L'interdipendenza e la saggezza delle cose
Non dare la colpa a nessuno
Far parte di un intero
Non lamentarti
Guarda da un altro punto di vista
Una verità
Pensate all'altro
Dimentica i problemi
Affrontare la nascita e la morte come processi
Immortalità
Avere un atteggiamento pro attivo
Dio è spirito
Una visione di fede
Segui i miei comandamenti
La fede morta
Avere un'altra visione
Dalla debolezza viene la forza
Cosa fare in una delicata situazione finanziaria
Affrontare i problemi familiari
Superare una malattia o addirittura la morte
Incontrarsi
Sophia
Giustizia
Il rifugio al momento giusto

La seduzione del mondo inversa la via di Dio
Conoscere Jahvè
I giusti e il rapporto con Jahvè
Il rapporto con Jahvè
Cosa dovresti fare
Vi do tutta la mia speranza
Amicizia
Perdono
Trovare la tua strada
Come vivere al lavoro
Vivere con persone irascibile al lavoro
Prepararsi ad avere un reddito da lavoro autonomo
Analisi delle opzioni di specializzazione negli studi
Cos'è la famiglia
Come rispettare ed essere rispettati
Dipendenza finanziaria
L'importanza dell'esempio

Il percorso

Cammina con i buoni e avrai pace. Cammina con i cattivi e sarai infelicità. Dimmi con chi stai uscendo e ti dirò chi sei. Questo saggio detto rivela quanto sia importante essere selettivi nelle amicizie. Tuttavia, credo che sia tutta un'esperienza di apprendimento. Devi commettere errori per imparare o devi sperimentare per sapere cosa ti piace. L'esperienza è un fattore primordiale per l'evoluzione dell'essere umano poiché siamo esseri errante sottoposti a una realtà di espiazione ed evidenza.

Saper essere critici

Siamo esseri in continua evoluzione. È normale criticare te stesso e vuoi sempre migliorare le tue prestazioni nelle tue attività quotidiane.

Ma non pretendere troppo da te stesso. Il tempo insegna e matura le tue idee. Dividi i tuoi compiti in modo tale da avere abbastanza tempo libero. La mente sopraffatta non produce nulla di conveniente. C'è il tempo della semina e della raccolta.

Ci vuole empatia e controllo. Se il tuo partner commette un errore, dagli un buon consiglio, ma non ricrearlo. Ricordate che non possiamo giudicare l'altro perché siamo anche esseri imperfetti e imperfetti. Sarebbe un cieco che guida un altro cieco che non darebbe i suoi frutti. Rifletti, pianifica e realizza. Sono i pilastri necessari per il successo.

Se sei un capo, pretendi abilità dai tuoi subordinati, ma anche di essere comprensivo e umano. Un ambiente di lavoro carico di vibrazioni pesanti e negative non può che ostacolare il nostro sviluppo. Ci vuole cooperazione, consegna, lavoro, determinazione, pianificazione, controllo e tolleranza nell'ambiente di lavoro. Questa si chiama democratizzazione del lavoro, un elemento essenziale nella conduzione degli affari poiché la nostra società è plurale e sfaccettata. L'ambiente deve quindi essere un luogo d'inclusione sociale.

Le grandi aziende che si impegnano per l'inclusione e la sostenibilità sono ammirate da clienti e consumatori. Ciò genera un'immagine altamente positiva all'interno e all'esterno dell'organizzazione. Inoltre, i valori di unità, assiduità, dignità e onore contribuiscono alla perpetuità dell'impresa. In questo caso, consiglio un incontro puntuale con professionisti altamente qualificati come: psicologo, tecnico delle relazioni umane, amministratori, manager di successo, scrittori, operatori sanitari tra gli altri.

Maestri della vita

Siamo in una grande missione di fronte a una folla totalmente disuguale. Alcuni hanno più conoscenza e altri hanno meno conoscenza. Tuttavia, ognuno di noi può insegnare o imparare. La saggezza non si misura dalla sua età o dalla sua condizione sociale, è un dono Divini. Poi possiamo trovare un mendicante più saggio di un uomo d'affari di successo. Non si misura dal potere finanziario, ma da una costruzione di valori che ci rende più umani. Il successo o il fallimento è solo una conseguenza dei nostri atti.

I nostri primi padroni sono i nostri genitori. Quindi è vero che la nostra famiglia è la nostra base di valori. Poi abbiamo contatti con la società e a scuola. Tutto questo riflette sulla nostra personalità. Mentre abbiamo sempre il potere di scelta. Chiamata libero arbitrio, è condizione di libertà di tutti gli esseri e deve essere rispettata. Sono libero di scegliere il mio percorso, ma devo anche sopportarne le conseguenze. Ricorda, recupereremo solo ciò che piantiamo. Ecco perché lo chiami un buon albero, è quello che porta buoni frutti.

Siamo nati con una predisposizione al bene, ma spesso l'ambiente ci fa del male. Un bambino in uno stato di repressione e miseria non si sviluppa allo stesso modo di un bambino ricco. Questa si chiama disuguaglianza sociale, dove poche persone hanno un sacco di soldi e molte persone sono povere. La disuguaglianza è il grande male del mondo. È una grande ingiustizia che porta sofferenza e danni alla parte della popolazione meno favorita. Penso che abbiamo bisogno di più politiche d'inclusione sociale. Abbiamo bisogno di posti di lavoro, reddito e opportunità. Penso che la carità sia un bellissimo atto d'amore, ma penso che sia umiliante vivere proprio questo. Abbiamo bisogno di lavoro e di condizioni di sopravvivenza decenti. Dobbiamo sperare in giorni migliori. Quanto è bello comprare le cose con il nostro lavoro e non essere discriminati. Dobbiamo avere l'opportunità di tutti, senza alcun tipo di discriminazione. Abbiamo bisogno di posti di lavoro per neri, indigeni, donne, omosessuali, transessuali, comunque, per tutti.

Penso che la via d'uscita da un nuovo modello di sostenibilità sarebbe il lavoro congiunto dell'élite con il governo. Meno tasse, più incentivi finanziari, meno burocrazia aiuterebbe a ridurre le disuguaglianze. Perché una persona ha bisogno di miliardi nel proprio conto bancario? Questo è totalmente inutile anche se è il frutto del tuo lavoro. Dobbiamo tassare le grandi fortune. Dobbiamo anche riscuotere i debiti di lavoro e fiscali delle grandi imprese per generare dividendi. Perché privilegiare la classe ricca? Siamo tutti cittadini con diritti e doveri. Siamo uguali prima della legge, ma in realtà siamo diseguali.

Legge di ritorno
Un momento di angoscia

Quando arriva un momento di angoscia e sembra che tutti gli ingiusti prosperano, state tranquilli. Prima o poi cadranno e i giusti vinceranno. I modi di Jahvè sono sconosciuti, ma sono eretti e saggi, in nessun momento ti abbandonerà anche se il mondo ti condanna. Lo fa in modo che il suo nome si perpetui di generazione in generazione.

Il rapporto di raccolta delle piante

Tutto ciò che fai sulla terra per il tuo bene è scritto nel libro della vita. Ogni consiglio, donazione, distacco, aiuto finanziario, parole gentili, complimenti, cooperazione in opere caritatevoli tra gli altri è un passo verso la prosperità e la felicità. Non pensate che aiutare l'altro il bene più grande sia per gli assistiti. Al contrario, la tua anima è la più avvantaggiata dai tuoi atti e puoi ottenere voli più alti. Avere la consapevolezza in voi che nulla è gratuito, il bene che realizziamo oggi in passato. Hai mai visto una casa sostenersi senza fondamento? Così accade anche con ciascuna delle nostre azioni.

Dare o non dare l'elemosina?

Viviamo in un mondo crudele e pieno di truffatori. È comune per molte persone con buone condizioni finanziarie chiedere l'elemosina per arricchire, un atto di furto mascherato che succhia lo stipendio già dannoso dei lavoratori. Di fronte a questa situazione quotidiana, molti si rifiutano di aiutare di fronte a una richiesta di elemosina. È questa l'opzione migliore?

È meglio analizzare caso per caso, sentire l'intenzione della persona. Ci sono innumerevoli flagelli per strada, non c'è modo di aiutare tutti, è vero. Ma quando il tuo cuore lo permette, aiuto. Anche se si tratta di una frode, il peccato sarà nelle intenzioni dell'altra persona. Hai fatto la tua parte, contribuito a un mondo meno iniquo e più umano. Congratulazioni a lei.

L'atto dell'insegnamento e dell'apprendimento

Siamo in un mondo di espiazione e prove, un mondo in costante cambiamento. Per adattarci a questo ambiente, siamo in un ricco processo d'insegnamento-apprendimento che si riflette in tutti gli ambienti. Approfitta di questa opportunità, assorbi le cose buone e nega quelle cattive in modo che la tua anima possa evolversi sulla strada verso il padre.

Sii sempre grato. Grazie a Dio per la tua famiglia, i tuoi amici, compagni di viaggio, insegnanti di vita e tutti coloro che credono in te. Riporta all'universo parte della tua felicità essendo apostolo del bene. Ne vale davvero la pena.

Come agire di fronte al tradimento

Fai attenzione alle persone, non fidarti così facilmente. I falsi amici non ci pensano due volte e consegnano il loro segreto davanti a tutti. Quando ciò accade, la cosa migliore da fare è fare un passo indietro e mettere le cose al loro posto. Se puoi e ti sei evoluto abbastanza, perdona. Il perdono libererà la tua anima dal risentimento e poi sarai pronto per nuove esperienze. Perdonare non significa dimenticare perché una volta che avrai rotto la tua fiducia, non tornerà.

Tieni presente la legge del ritorno che è la legge più giusta di tutte. Tutto ciò che fai di sbagliato all'altro tornerà con gli interessi da pagare. Quindi non preoccuparti del danno che ti hanno fatto, sarai lì per i tuoi nemici e Dio agirà rettamente dandoti ciò che tutti meritano.

L'amore genera più amore

Sia benedetto chi ha sperimentato l'amore o la passione. È la sensazione più sublime che c'è che comprende donazione, rinuncia, resa, comprensione, tolleranza e distacco dal materiale. Tuttavia, non sempre abbiamo un sentimento ricambiato dalla persona amata ed è allora che si verificano dolore e sgomento. C'è un tempo necessario per pesarlo e rispettare questo periodo. Quando ti senti meglio, vai avanti e non rimpiangere nulla. Ti è piaciuto molto, e come ricompensa, Dio mostrerà all'altra persona un modo, che anche lui o lei andrà avanti. C'è un'alta probabilità che venga respinta da altri per pagare le sofferenze causate. Questo riavvia un circolo vizioso, in cui non abbiamo mai chi amiamo veramente.

Agire a nome dei poveri, degli esclusi e dei subordinati

Cercate di aiutare i senzatetto, gli orfani, le prostitute, gli abbandonati e i non avaro. La tua ricompensa sarà grande perché non possono ripagare la tua buona volontà.

In un'azienda, una scuola, una famiglia e una società in generale trattano tutti con uguaglianza indipendentemente dalla loro classe sociale, religione, etnia, scelta sessuale, gerarchia o qualsiasi specificità. La tolleranza è una grande virtù per voi per avere accesso alle più alte corti celesti.

Messaggio finale

Beh, questo è il messaggio che volevo dare. Spero che queste poche righe illumineranno il tuo cuore e ti renderanno una persona migliore. Ricorda: è sempre tempo di cambiare e fare del bene. Unisciti a noi in questa catena di bene per un mondo migliore. Ci vediamo la prossima storia.

La strada del benessere

Il percorso

L'essere umano in tutta la sua coscienza ha due dimensioni da osservare: il modo in cui vede sé stesso e il modo in cui è visto dalla società. L'errore più grande è che può fare è cercare di adattarsi a uno standard di società come il nostro. Viviamo in un mondo per lo più prevenuto, iniquo, tirannico, crudele, malvagio, pieno di tradimenti, falsità e illusioni materiali. Assorbire buoni insegnamenti ed essere autentici è il modo migliore per sentirsi in pace con te stesso.

Imparare e conoscersi meglio, affidarsi a buoni valori, gradire sé stessi e gli altri, valorizzare la famiglia e praticare la carità sono modi per trovare successo e felicità. In questa traiettoria ci saranno cadute, vittorie, dolori, felicità, momenti di svago, guerra e pace. La cosa importante in tutto questo è tenersi con fede in te stesso e una forza maggiore qualunque sia la tua fede.

È essenziale lasciarsi alle spalle tutti i brutti ricordi e andare avanti con la tua vita. Siate certi che Il Dio Jahvè prepara buone sorprese in cui sentirete il vero piacere di vivere. Abbiate ottimismo e perseveranza.

Le vie di Dio

Sono il figlio del padre, quello che è venuto ad aiutare questa dimensione in un'evoluzione veramente coerente. Qui quando sono arrivato ho trovato un'umanità totalmente incasinato e deviata dall'obiettivo primario di mio padre di crearla. Oggi, ciò che vediamo più spesso sono persone meschine, egoiste, increduli di Dio, competitive, avidi e invidiose. Mi dispiace per queste persone e cerco di aiutarle nel miglior modo possibile. Posso mostrare attraverso il mio esempio le qualità che mio padre vuole davvero che coltivano: solidarietà, comprensione, cooperazione, uguaglianza, fraternità, compagnia, misericordia, giustizia, fede, artiglio, persistenza, speranza, dignità e soprattutto amore tra gli esseri.

Un altro problema importante è l'orgoglio umano di far parte di un gruppo o di una classe più favorita. Te lo dico io, questo non è una galla davanti a Dio. Ti dico che hai braccia aperte e cuori per ricevere i tuoi figli indipendentemente dalla tua razza, colore, religione, classe sociale, orientamento sessuale, partito politico, regione o qualsiasi specificità. Ognuno è uguale nelle questioni davanti al padre. Tuttavia, alcuni sono più benefici per le loro opere e l'anima piacevole.

Il tempo scorre veloce. Quindi non perdere l'occasione di collaborare per un universo migliore e più giusto. Aiuta gli afflitti, i malati, i poveri, gli amici, i nemici, i conoscenti, gli estranei, la famiglia, gli estranei, gli uomini e le donne, i bambini, grandi o meno giovani, insomma l'aiuto senza aspettarsi una punizione. Grande sarà la tua ricompensa davanti al padre.

I buoni maestri e apprendisti

Siamo in un mondo di espiazione e prove. Siamo esseri interdipendenti e privi di affetto, amore, risorse materiali e attenzione. Ognuno nel corso della propria vita sta acquisendo esperienza e trasmettendo qualcosa di buono a coloro che sono più vicini a loro. Questo scambio reciproco è molto importante per raggiungere uno stato di piena pace e felicità. Comprendere il proprio, comprendere il dolore degli altri, agire in nome della giustizia, trasformare i concetti e sperimentare la libertà che la conoscenza fornisce non ha prezzo. È un bene che nessuno possa rubarti.

Durante la mia vita ho avuto grandi maestri: il mio padre spirituale e carnale, mia madre con la sua dolcezza, insegnanti, amici, famiglia in generale, conoscenti, colleghi, il guardiano, Angelo, L'Indù, la sacerdotessa, Renato (il mio compagno di avventura), Philliphe Andrews (Un uomo segnato da una tragedia), tanti altri personaggi che con la sua personalità hanno segnato la mia storia. Nella battuta d'arresto della storia, ho guidato i miei nipoti e tutta l'umanità attraverso i miei libri. Ho fatto bene entrambi i ruoli e sto cercando la mia identità. La chiave della questione è lasciare un buon seme perché, come disse Gesù: i giusti splenderanno come il sole nel regno del padre.

Buone pratiche per rimanere sobri

Ci sono diversi modi per vedere il mondo e abituarsi a esso. Nel mio caso particolare, sono stato in grado di mantenere la stabilità dopo un lungo periodo di preparazione spirituale interna. Dalla mia esperienza, posso dare consigli su come orientarmi di fronte all'incostanza della vita: non bere alcolici, non fumare, non usare droghe, lavoro, occuparti di attività piacevole, uscire con gli amici, camminare, viaggiare in buona compagnia, mangiare e vestirsi bene, entrare in contatto con la natura, sfuggire alla fretta e all'animazione, riposa la tua mente, ascolta la musica, leggi libri, adempii agli obblighi domestici, sii fedele ai tuoi valori e credenze, rispetta gli anziani, prenditi cura delle istruzioni dei più giovani, sii pio, comprensivo e tollerante, radunati al tuo gruppo spirituale, ore, hai fede e non temi. In qualche modo il destino ti aprirà le buone porte e poi troverà la tua strada. Molta fortuna è ciò che auguro a tutti.

Il valore attraverso l'esempio

L'uomo si riflette nelle sue opere. Questo saggio detto dimostra esattamente come dobbiamo agire per raggiungere la beatitudine. Non è di alcuna importanza per l'uomo avere valori consolidati se non li mette in pratica. Più che buone intenzioni, abbiamo bisogno di atteggiamenti consolidati per trasformare il mondo.

La sensazione nell'universo

Impara a conoscere te stesso, a valorizzare di più te stesso e a cooperare per il bene degli altri. Gran parte dei nostri problemi deriva dai nostri timori e dalle nostre carenze. Conoscendo le nostre debolezze, possiamo risolverle e pianificare in futuro di migliorare come essere umano.

Segui la tua etica senza dimenticare il diritto di coloro che sono al tuo fianco. Siate sempre imparziali, giusti e generosi. Il modo in cui tratti il mondo avrà come punizione il successo, la pace e la tranquillità. Non essere troppo esigente con te stesso. Cerca di goderti ogni momento della vita dal punto di vista dell'apprendimento. La prossima volta, saprai esattamente come agire.

Sentirsi divini

Nulla è un caso e ogni cosa che esiste nell'universo ha la sua importanza. Sii felice per il dono della vita, per l'opportunità di respirare, camminare, lavorare, vedere, abbracciare, baciare e dare amore. Nessuno è un pezzo isolato, noi facciamo parte dell'ingranaggio dell'universo. Prova a fare semplici esercizi di connessione mentale. Nei tuoi momenti di riposo, vai nella tua stanza, siediti sul tuo letto, chiudi gli occhi e rifletti su te stesso e sull'universo stesso. Mentre ti rilassi, i tuoi problemi saranno lasciati indietro e noterai l'approccio al legame Divini. Prova a concentrarti sulla luce alla fine del tunnel. Questa luce ti porta la speranza che sia possibile cambiare, cancellare gli errori del passato, perdonarti e fare pace con i nemici facendoli amicizia. Dimentica i combattimenti, il risentimento, la paura e i dubbi. Tutto questo ti mette sulla tua strada. Siamo più attivi quando capiamo la parte l'uno dell'altro e abbiamo la capacità di andare avanti. Grazie che sei in salute e che hai ancora tempo per risolvere i problemi in sospeso.

Siamo figli del padre, siamo stati creati per aiutare il pianeta a evolversi ed essere anche felici. Sì, possiamo avere tutto se ne siamo degni. Alcuni sono felici da soli, altri al fianco di un compagno, altri impegnandosi in una religione o in un credo e altri aiutando gli altri. La felicità è relativa. Non dimenticate mai che ci saranno giorni di disperazione e di oscurità e che è in questo momento che la vostra fede deve essere più presente. Di fronte al dolore, trovare una via d'uscita a volte è piuttosto complicato. Tuttavia, abbiamo un Dio che non ci abbandona mai anche se gli altri lo fanno. Parlagli e poi capirai meglio le cose.

Cambiare la routine

Il mondo di oggi è diventato una grande corsa contro il tempo per la sopravvivenza stessa. Spesso passiamo più tempo al lavoro che con le nostre famiglie. Questo non è sempre sano, ma diventa necessario. Prenditi i giorni di riposo per cambiare un po' 'la tua routine. Uscire con amici, coniuge, andare nei parchi, nei teatri, scalare le montagne, nuotare nel fiume o in mare, andare a trovare parenti, andare al cinema, allo stadio di calcio, leggere libri, guardare la TV, navigare in Internet e fare nuove amicizie. Dobbiamo cambiare la visione di routine delle cose. Dobbiamo conoscere un po' di questo vasto mondo e goderci ciò che Dio ha lasciato. Pensate che non siamo eterni, che in qualsiasi momento qualcosa può accadere e voi non siete più tra noi. Quindi non lasciare per domani quello che puoi fare oggi. Alla fine della giornata, grazie per l'opportunità di essere vivi. Questo è il più grande regalo che abbiamo ricevuto.

La disuguaglianza mondiale inversa la giustizia

Viviamo in un mondo inane, competitivo e iniquo. Il sentimento d'impunità, di amore, di avarizia e d'indifferenza è preponderante. Tutto ciò che Gesù ha insegnato in passato la maggior parte del tempo non viene messo in pratica. Allora, che senso ha combattere così duramente per un mondo migliore se non lo apprezziamo?

È molto facile dire che capisci il dolore dell'altro, a volte hai solidarietà e compassione vedendo un'immagine su Internet o anche per strada di fronte a un minore abbandonato. È difficile avere un atteggiamento e cercare di cambiare questa storia. Senza dubbio, la miseria del mondo è molto grande e non abbiamo modo di aiutare tutti. Dio non te lo chiederà al processo. Tuttavia, se puoi almeno aiutare il tuo vicino sarà già di buone dimensioni. Ma chi è il nostro prossimo? È tuo fratello disoccupato, è il tuo triste vicino per aver perso sua moglie, è il suo collega che ha bisogno della tua guida. Ogni tuo atto, per quanto piccolo sia conta, nell'aspetto dell'evoluzione. Ricorda: siamo ciò che sono le nostre opere.

Cerca sempre di aiutarti. Non chiederò la tua perfezione, questo è qualcosa che non esiste in questo mondo. Quello che voglio è che tu ami il tuo prossimo, mio padre e te stesso. Sono qui per mostrarvi ancora una volta quanto sia grande il mio amore per l'umanità anche se non se lo merita. Soffro molto di miseria umana e cercherò di usarla come strumento della mia buona volontà. Tuttavia, ho bisogno del tuo permesso per poter agire nella tua vita. Sei pronto a vivere davvero la mia volontà e quella di mio padre? La risposta a questa domanda sarà una pietra miliare definitiva nella sua esistenza.

Il potere della musica

Qualcosa di molto rilassante e che consiglio vivamente per la portata della pace e dell'evoluzione umana è ascoltare musica. Attraverso i testi e la melodia, la nostra mente viaggia e sente esattamente ciò che l'autore vuole passare attraverso. Spesso questo ci libera da tutti i mali che portiamo nel corso della giornata. La pressione della società è così grande che spesso siamo colpiti dai pensieri negativi e invidiosi degli altri. La musica ci libera e ci conforta ripulendo completamente le nostre menti.

Ho un gusto eclettico per la musica. Mi piace forró, Rock, musica popolare brasiliana, internazionale, romantica, country o qualsiasi musica di buona qualità. La musica mi ispira e spesso scrivendo li sento di preferenze musicali tranquille. Fai anche questo e vedrai una grande differenza nella tua qualità di vita.

Come combattere il male

Abbiamo vissuto una dualità nell'universo dalla caduta del grande drago. Questa realtà si riflette anche qui sulla terra. Da un lato, persone oneste che vogliono vivere e cooperare e altri bastardi che cercano la sfortuna degli altri. Mentre la forza del male è la magia nera, il potere del bene è la preghiera. Non dimenticare di consigliarti a tuo padre almeno una volta al giorno in modo che la forza dell'oscurità non ti colpisci.

Come ha insegnato Gesù, non temete l'uomo che può togliersi la vita dal suo corpo, un tema che può condannare la sua anima. Attraverso il libero arbitrio, puoi semplicemente rifiutare l'assalto dei nemici. La scelta per il bene o il male è solo tua. Quando pecca, non giustificarti. Riconosci il tuo errore e cerca di non perdere più.

Un atteggiamento che ho avuto nella mia vita ha completamente cambiato il mio rapporto con l'universo e con Dio. Avrei voluto che la volontà del Signore si sarebbe realizzata nella mia vita e che lo spirito santo potesse agire. Da quel momento in poi ho avuto successo e felicità solo perché sono obbediente. Oggi vivo in piena comunione con il mio creatore e ne sono molto felice. Ricorda che è una tua scelta.

Io sono l'incomprensibile

Chi sono? Da dove vengo? Dove andrò? Qual è il mio obiettivo? Sono l'incomprensibile. Sono lo spirito del nord che soffia da lì a qui senza direzione. Io sono amore, la fede dei giusti, la speranza dei bambini, io sono la mano d'aiuto degli afflitti, sono il consiglio ben dato, sono la vostra coscienza che allerta il pericolo, io sono quello che anima l'anima, io sono il perdono, sono riconciliazione, sto capendo e crederò sempre nella vostra guarigione ancor prima del peccato. Sono l'alberello di David, il primo e l'ultimo, sono la provvidenza di Dio che crea i mondi. Sono il piccolo bocciolo da sogno del nordest destinato a conquistare il mondo. Io sono Divini al più intimo, il veggente o semplicemente il figlio di Dio di diritto. Sono sceso per volere di mio padre per salvarli di nuovo dall'oscurità. Davanti a me non c'è potere, autorità o regalità perché io sono il Re dei Re. Sono il tuo Dio dell'impossibile che può trasformare la tua vita. Ci credi sempre.

Problemi

Come Divini posso fare tutto e in forma umana vivo con debolezze come tutte le altre. Sono nato in un mondo di oppressione, povertà, disagio e indifferenza. Capisco il tuo dolore come nessun altro. Posso vedere in profondità nella tua anima i tuoi dubbi e la tua paura di ciò che potrebbe venire. Consapevole di ciò, so esattamente come affrontarli al meglio.

Sono il tuo migliore amico, quello che è al tuo fianco ogni ora. Potremmo non conoscerci o non sono presente fisicamente, ma posso agire attraverso le persone e nello spirito. Voglio il meglio per la tua vita. Non essere ribelle e capire il motivo del fallimento. Il motivo è che qualcosa è preparato per qualcosa di meglio, qualcosa che non avresti mai immaginato. L'ho imparato dalla mia esperienza. Ho vissuto un intenso momento di disperazione in cui nessun essere vivente mi ha aiutato. Quasi totale usura, mio padre mi salvò e mostrò il suo immenso amore. Voglio ripagare e fare lo stesso con il resto dell'umanità.

So esattamente cosa sta succedendo nella tua vita. So che a volte sembra che nessuno ti capisca e sembra solo che tu sia solo. In questi momenti, cercare una spiegazione logica non aiuta. La verità è che c'è una grande differenza tra l'amore umano e il mio. Mentre il primo è quasi sempre coinvolto in un gioco d'interessi, il mio amore è sublime e supremo. Ti ho cresciuto, ti ho fornito il dono della vita, e mi albori ogni giorno al tuo fianco attraverso il mio angelo. Ci teniamo a te e alla tua famiglia. Mi dispiace molto quando soffri e viene rifiutato. Sa' che in me non otterrai mai un negativo. Nel frattempo, vi chiedo di comprendere i miei piani e di accettarli. Ho creato l'intero universo e so più di te nel modo migliore. A questo alcuni la chiamano destinazione o predestinazione. Per quanto tutto sembri sbagliato, tutto ha un significato e si muove verso il successo se sei meritevole.

Ecco tra voi qualcuno che amava e che ama. Il mio amore eterno non passerà mai. Il mio amore è pieno e non ha richieste. Basta avere valori consolidati di un uomo buono. Non voglio mettere in me parole di odio, razzismo, pregiudizio, ingiustizia o disprezzo. Non sono questo Dio che dipingono. Se vuoi incontrarmi, impara attraverso i miei figli. Pace e bene a tutti.

Al lavoro

Non va bene che quell'uomo abbia una mente non occupata. Se coltiviamo l'ozio, non smetteremo di pensare ai problemi, all'irrequietezza, alle paure, alla nostra vergogna, alle delusioni, alle sofferenze e all'incostanza del presente e del futuro. Dio ha lasciato all'uomo l'eredità del lavoro. Oltre a essere una questione di sopravvivenza, lavorare riempie il nostro vuoto più intimo. La sensazione di essere utili a te stesso e alla società è unica.

Avere la possibilità di essere in un lavoro, crescere professionalmente, rafforzare i rapporti di amicizia e affetto e di evolversi come essere umano è un grande dono frutto dei loro sforzi più teneri. Sii felice in tempi di crisi. Quanti padri e madri non volevano essere nei tuoi panni? La realtà nel nostro paese è l'aumento della disoccupazione, delle disuguaglianze, dell'umanità, dell'indifferenza e dell'indifferenza politica.

Fai la tua parte. Mantieni un ambiente sano sul lavoro in cui trascorri gran parte della tua giornata. Tuttavia, non avere così tante aspettative e non confondere le cose. Gli amici di solito si trovano nella vita e sul lavoro solo colleghi tranne rare eccezioni. L'importante è rispettare rigorosamente i tuoi obblighi che coinvolgono presenze, puntualità, prontezza, efficienza, responsabilità e dedizione. Sii un esempio di condotta all'interno e all'esterno del tuo guasto.

Viaggio

Dio è meraviglioso, potente e senza pari. Per il suo grande amore, voleva creare cose e attraverso la sua parola esistevano. Tutte le cose materiali, immateriali, visibili e invisibili danno gloria al creatore. Tra queste cose c'è l'uomo. Considerato un piccolo punto dell'universo, è in grado di vedere, sentire, interagire, percepire e realizzare. Siamo qui per essere felici.

Approfitta delle opportunità che la vita ti offre e conosci un po' 'di questo universo. Rimarrai incantato dalle piccole e grandi opere naturali. Senti l'aria fresca, il mare, il fiume, la foresta, le montagne e te stesso. Rifletti sui tuoi atteggiamenti ed esperienze durante la tua vita. Credimi, questo ti darà qualità della vita e un senso di pace indescrivibile. Sii felice ora. Non lasciarlo per dopo perché il futuro è incerto.

Ricerca di diritti

Sii un cittadino a pieno cinque che vive completamente i tuoi diritti. Conosci esattamente i tuoi doveri e doveri. In caso di violazione, è possibile chiedere un risarcimento in tribunale. Anche se la tua richiesta non viene soddisfatta, la tua coscienza sarà chiara e pronta ad andare avanti. Ricorda che l'unica giustizia che non fallisce è il Divini e con gli atteggiamenti giusti verrà la tua benedizione.

Credi nel pieno amore

Oggi viviamo in un mondo dominato dall'interesse, dalla malvagità e dalla mancanza di comprensione. È demotivante rendersi conto che ciò che vogliamo veramente per noi non esiste o è assolutamente raro. Con la svalutazione dell'essere e del vero amore, esauriamo le alternative. Ho sofferto abbastanza per le sfide della vita e per la mia esperienza credo ancora in una speranza anche se forse lontana. Credo che ci sia un padre spirituale su un altro piano che osserva tutte le nostre azioni. Le sue opere nel corso della sua carriera accrediteranno una felicità futura insieme a una persona speciale. Sii ottimista, perseverante e avere fede.

Saper gestire una relazione

L'amore è Divini. Essere questa sensazione concettualizzata come il vuole il benessere dell'altro individuo. Nel processo di raggiungimento di questa fase, è necessario saperlo. La conoscenza incanta, disincanta o si trasforma. Saper affrontare ciascuna di queste fasi è compito del buon amministratore. Usando una figura di linguaggio, l'affetto può essere paragonato a una pianta. Se lo innaffiamo frequentemente, crescerà e darà buoni frutti e fiori. Se la disprezziamo, lei si è accaso lato, decade e finisce. Essere in una relazione può essere qualcosa di positivo o negativo a seconda di chi siamo. Vivere insieme per una coppia è la grande sfida dei tempi moderni. Sappiate che l'amore da solo non basta a perpetuare un'unione è qualcosa che coinvolge fattori più ampi. Tuttavia, è un potente rifugio in tempi di angoscia e disperazione.

Il massaggio

Il massaggio è un ottimo esercizio che può essere fatto. Chi è il ricevitore ha l'opportunità di sperimentare il piacere causato dal rilassamento dei muscoli. Tuttavia, occorre fare attenzione a non esagerare la proporzionalità dell'attrito tra le mani e l'area lavorata. Puoi approfittarne ancora meglio quando c'è uno scambio tra due persone che si amano.

L'adozione di valori morali

Una buona guida è essenziale per sviluppare un senso in grado di stabilire connessioni sincere, realistiche, apprezzate e vere. Come dicono, la famiglia è la base di tutto. Se al suo interno siamo buoni genitori, figli, fratelli e compagni saremo anche al di fuori di esso.

Pratica un'etica di valori in grado d'indirizzarti sulla strada del benessere. Pensa a te stesso, ma anche al diritto dell'altro sempre con rispetto. Cerca di essere felice anche se la tua mente ti indebolisce e ti scoraggia. Nessuno sa davvero cosa succede se non si vogliono agire e provare. Il massimo che può accadere è un fallimento e sono stati fatti per addestrarci e farci veri vincitori.

Avere lo spirito di un vero amico

Quando Gesù era sulla terra ci lasciò un modello di comportamento e un esempio da seguire. Il suo atto più grande fu la resa sulla croce per i nostri peccati. In questo sta il valore di una vera amicizia, donando la tua vita per l'altro. Chi davvero nella tua vita lo farebbe per te? Dai un'occhiata. Se la tua risposta è positiva, apprezza questa persona e amale sinceramente perché questa sensazione è rara. Non rovinare questa relazione per niente. Restituisci un po' 'di quel grande amore con fatti e parole e sii felice.

Azioni da osservare

1. Fai agli altri quello che vorresti che facessero a te. Ciò include essere amichevoli, caritatevoli, gentili, generosi e sforzarsi di non ferire gli altri. Non avete alcuna dimensione di ciò che significa soffrire a causa di parole fuori luogo. Usa questo potere solo per fornire bene e conforto agli altri perché non sappiamo cosa ci riserva il destino.

2. Sii nemico delle bugie e cammina sempre con la verità. Per quanto lo faccia, è meglio confessare tutto quello che è successo. Non giustificarti o ammorbidire le notizie. Sii chiaro.
3. Non rubare ciò che è dall'altro e non attraversare la via della vita degli altri. Sii equo sui pagamenti e sulla capacità del conto. Non coltivare invidia, calunnia o falsità con gli altri.
4. Siamo tutti parte di un insieme noto come Dio, destino o coscienza cosmica. Per mantenere l'armonia, la complicità e la comunione nel rapporto, è necessario uno sforzo enorme per stare lontano dalle cose del mondo. Esercitati sempre bene e il tuo cammino sarà gradualmente ricondotto al padre celeste. Come ho detto, non aver paura di niente. A differenza di ciò che molte religioni dipingono, mio padre non è un boia o un bigotto, esalta l'amore, la tolleranza, la generosità, l'uguaglianza e l'amicizia. Ognuno ha il suo posto nel mio regno se lo guadagna.
5. Avere una vita semplice e sicura. Non accumulare beni materiali senza necessità e non cedere alle stravaganze. Tutto deve essere nella giusta misura. Se sei ricco o ricco, pratica sempre l'arte della donazione e della carità. Non sai il bene che farà per te stesso.
6. Mantenere pulito il corpo, l'anima e il cuore. Non cedere alle tentazioni della lussuria, della gola o della pigrizia.
7. Coltivare ottimismo, amore, speranza, fede e perseveranza. Non rinunciare mai ai tuoi sogni.
8. Ogni volta che puoi impegnarti in progetti sociali della comunità. Ogni azione per i minori favoriti aumenterà il loro tesoro in cielo. Preferisci questo al potere, al denaro, all'influenza o allo status sociale.
9. Abituarsi a valorizzare la cultura nelle sue varie manifestazioni. Vai a visitare la città con amici, cinema, teatro e leggi libri stimolanti. Il magico mondo della letteratura è un mondo ricco e diversificato che ti porterà molto divertimento.

10. Meditate e riflettete sul vostro presente e sul vostro futuro. Il passato non conta più e anche se il tuo peccato è scarlatto potrei perdonare e mostrarti il mio vero amore.

Cura per l'alimentazione

Prendersi cura del nostro corpo è essenziale per noi per vivere bene. Uno dei prodotti di base e molti importanti è il cibo. Adottare una dieta equilibrata è il modo migliore per evitare malattie. Acquisire abitudini sane e mangiare cibi ricchi di vitamine, minerali, fibre e proteine. È anche importante mangiare solo ciò che è necessario per la sopravvivenza evitando gli sprechi.

Consigli per vivere a lungo e bene

1. Mantenere sempre attivo il corpo e la mente.
2. Incontri.
3. Coltiva la tua fede rispetto agli altri.
4. Avere valori solidi e generosi di convivenza sociale.
5. Mangiare moderatamente.
6. Avere una routine di esercizio appropriata.
7. Dormire bene.
8. Sii ragionevole.
9. Svegliati presto.
10. Viaggia molto.

Danza

La danza è un esercizio molto importante per il benessere dell'individuo. Aiuta a combattere l'invecchiamento, nei problemi alla schiena e nella locomozione, aumenta la positività. Integrarsi con ogni melodia non è sempre un compito facile, ma piacevole e gratificante. Avere un'abitualità in questo esercizio e cercare di essere felici.

Digiuno

Il digiuno è appropriato nei giorni santi o quando facciamo promesse per aiutare le anime che sono nei guai nel mondo degli spiriti. Tuttavia, una volta terminato, si consiglia di ricomporre le forze ingerendo cibi sani e diversi.

Il concetto di Dio

Dio non ha iniziato e non avrà fine. È il risultato dell'unione delle forze creative del bene. È presente in tutte le opere della sua creazione comunicando con loro attraverso il processo riflessivo mentale quello che molti chiamano il "Sé Interiore".

Dio non può essere definito nelle parole umane. Ma se potessi direi che è amore, fratellanza, dare, carità, giustizia, misericordia, comprensione, giustizia e tolleranza. Dio è disposto ad accettarlo nel suo regno se te lo meriti. Ricorda qualcosa di veramente importante: hai solo il diritto di riposare nel regno dei cieli che riposava dalle tue opere i tuoi fratelli.

Passaggi di miglioramento

La terra è un mondo di espiazione e prove per il progresso delle persone. Questa fase della nostra esistenza deve essere segnata dalle nostre buone azioni, in modo da poter vivere una dimensione spirituale soddisfacente. Raggiungendo la pienezza della perfezione, l'essere umano diventa parte della dimensione cosmica o semplicemente concettualizzato come Dio.

Caratteristiche della mente

1. Il buon desiderio dovrebbe essere incoraggiato e messo effettivamente in pratica.
2. Il pensiero è una forza creativa che deve essere liberata perché lo spirito creativo fiorisca.

3. I sogni sono segni di come vediamo il mondo. Possono anche essere messaggi degli dei in relazione al futuro. Tuttavia, è necessario rimanere nella realtà per ottenere risultati concreti.
4. Il discernimento, la conoscenza e il distacco dalle cose materiali devono essere lavorati nella mente di tutti coloro che cercano l'evoluzione.
5. Sentirsi parte dell'universo è il risultato di un processo di miglioramento e coscienza. Sa' riconoscere la tua voce interiore.

Come dovrei sentirmi?

Grazie per il dono della vita e per tutto ciò che tuo padre ti ha dato. Ogni risultato, ogni giorno vissuto deve essere celebrato come se un altro non esistesse. Non sminuire te stesso e saper riconoscere il tuo ruolo nella dimensione del cosmo. I miei genitori li vedono con uno sguardo di grandezza nonostante la loro limitazione e incredulità. Renditi degno delle cose buone.

Rendi come il piccolo sognatore di campagna di Pernambuco conosciuta come Divini. Nonostante tutte le sfide e le difficoltà imposte dalla vita, non cessò mai di credere in una forza maggiore e nelle sue possibilità. Credete sempre nella speranza perché Dio ci ama e vuole ciò che è meglio per noi. Tuttavia, prova a fare la tua parte in questo processo. Sii attivo nei tuoi progetti e sogni. Vivi ogni passaggio completamente e se fallisce non scoraggiarti. La vittoria arriverà meritando.

Il ruolo dell'istruzione

Siamo esseri pronti a evolversi. Dal concepimento, dall'infanzia e persino dall'inclusione nella scuola stessa siamo in grado d'imparare e relazionarci con gli altri. Questa interazione è molto importante per il nostro sviluppo in generale. È a questo punto che insegnanti, genitori, amici e tutti quelli che conosciamo svolgono un ruolo chiave nella costruzione di una personalità. Dobbiamo assorbire le cose benefiche e rifiutare i malvagi percorrendo la strada giusta verso il padre.

Conclusione

Chiudo qui questo primo testo alla ricerca di conoscere le religioni. Spero di essermi assimilato dal mio punto di vista buoni insegnamenti e se aiuta anche se è solo una persona darò anche dato il tempo utilizzato nella sua realizzazione. Un abbraccio a tutti, successo e felicità.

Vincere per fede

Vittoria sui nemici spirituali e carnale

Così dice Jahvè: "Ai giusti, a coloro che seguono giustamente i miei comandamenti praticando l'arte quotidiana del bene, prometto una protezione costante davanti ai miei nemici. Anche se una moltitudine o anche l'inferno si getta contro di te, non temerai alcun male perché io ti sostenga. Con il mio nome, 10.000 cadranno alla tua destra e cento di me alla tua sinistra, ma non ti succederà nulla, perché il mio nome è Jahvè.

Questo messaggio emblematico di Dio è sufficiente a lasciarci calmi di fronte all'ira dei nemici in ogni situazione. Se Dio è per noi, chi sarà contro di noi? In realtà non c'è nessuno più grande di Dio in nessuna parte dell'universo. Tutto ciò che è scritto nel libro della vita accadrà e sicuramente arriverà la tua vittoria, fratello. Il trionfo dell'ingiusto è fatto paglia, ma il grano rimarrà per sempre. Quindi cerchiamo di avere più fede.

Il rapporto uomo-Dio

All'uomo fu data l'amministrazione della terra in modo che potesse farla portare frutto e prosperare. Come Gesù ci ha insegnato, il nostro rapporto con Dio deve essere di padre in figlio, e di conseguenza non ci vergogniamo di avvicinarci a Lui anche se il peccato lo rende timoroso. Jahvè custodisce il buon cuore, l'uomo laborioso, quello che si sforza di migliorare sempre per poter seguire la strada dell'evoluzione permanente.

Al momento del peccato, è meglio riflettere su ciò che lo ha causato in modo che l'errore non possa essere ripetuto ancora una volta. La ricerca di percorsi alternativi e la ricerca di nuove esperienze si aggiunge sempre al nostro curriculum rendendoci persone più preparate per la vita.

Il punto principale di tutto questo è aprire la vostra vita all'azione dello spirito santo. Con il suo aiuto, possiamo arrivare a un livello che possiamo dire sia collegato con le cose buone. Questa si chiama comunione ed è necessaria, consegnata e passionale perché possa essere vissuta pienamente. Rinunciare alle cose del mondo corporeo e negare il male dentro di te sono condizioni necessarie ed efficaci per rinato in un mondo che cambia. Saremo specchio di Cristo risorto.

Credere in Jahvè nel dolore

Viviamo in un mondo di espiazione e prova, che ci fa costantemente nel dolore. Soffriamo per un amore perduto o non corrisposto, soffriamo per la perdita di un familiare, soffriamo per problemi finanziari, soffriamo per l'incomprensione dell'altro, soffriamo a causa della violenza causata dalla malvagità umana, soffriamo in silenzio a causa delle nostre debolezze, desideri, malattie e paura della morte, soffriamo per sconfitte e giorni tristi in cui vogliamo scomparire.

Fratello mio, poiché il dolore è inevitabile per coloro che vivono in questo mondo, dobbiamo aggrapparti a Jahvè e a suo figlio Gesù Cristo. Quest'ultimo sentiva sulla pelle come un uomo tutti i tipi d'incertezze, paure, disgrazie e tuttavia non ha mai rinunciato a essere felice. Cerchiamo anche di essere così, vivendo ogni giorno con la sensazione che si può fare meglio e con una possibilità di progressione. Il segreto è andare sempre avanti e chiedergli aiuto per portare le nostre croci. L'onnipotente ricompenserà la tua sincerità e conversione e trasformerà la tua vita in un mare di delizie. Non si tratta di garantire l'esclusione del dolore, ma di sapere come vivere insieme in modo che non influenzino il nostro buon umore. E così la vita può andare avanti senza grandi problemi.

Essere un uomo onesto di fede

Il vero cristiano segue l'esempio di Gesù in ogni circostanza. Oltre ai comandamenti che sono essenziali, avete una nozione del Vangelo, della vita stessa, del male e del pericolo del mondo, e conoscete il modo migliore di agire. Il cristiano deve essere un esempio di cittadino perché ci sono regole da seguire e osservare nell'insieme sociale. Una cosa è la fede e un'altra è il rispetto per il tuo partner.

Ciò che Jahvè vuole è che anche l'uomo sia suo cittadino e non solo il mondo. Per questo, bisogna essere un buon padre, un buon figlio, un buon marito, un amico fedele, un servo dedito alla preghiera, un uomo o una donna che vive per lavoro perché l'ozio è la bottega del diavolo. Impegnato nella questione di Jahvè, l'essere umano può compiere un passo importante verso il vincere *per fede*! Un grande abbraccio a tutti e ci vediamo la prossima volta.

I Cristo

La missione dell'uomo

La terra è stata creata per ospitare la vita in abbondanza così come altre stelle sparse in tutte le innumerevoli parti dell'universo. Il Dio Jahvè, l'amore consolidato, voluto dalla forza, dal potere, dalla dolcezza e dalla grazia per creare esseri umani, creature speciali che hanno la prerogativa di essere la sua immagine e la sua similitudine.

Ma il fatto che sia la loro immagine e la loro similitudine non significa che abbiano la stessa essenza. Mentre Jahvè possiede tutti i predicati della perfezione, l'uomo è imperfetto e peccaminoso dalla natura stessa. Dio ha voluto così dimostrare la sua grandezza, ci ha tanto amati che ci ha dato libero arbitrio fornendo gli elementi chiave affinché possiamo trovare per noi stessi la via della felicità.

Concludiamo che la perfezione sulla terra non è mai stata raggiunta da sempre, il che mette giù alcune antiche leggende di alcune religioni. Viviamo la dualità, condizione fondamentale per l'esistenza come essere umano.

Ora arriva la domanda: Qual è il significato della creazione dell'universo e della vita stessa? Jahvè e i suoi piani sono sconosciuti alla maggior parte delle persone, molti di loro non si rendono nemmeno conto di ciò che accade intorno a loro. Possiamo dire che mio padre vive per sempre, ha avuto due figli, gli umani Gesù e Divini, ha creato le stelle celesti essendo la prima di loro chiamata kalenquer. Su questo pianeta con aspetti simili a quelli della terra attuale, creati gli angeli che sono i secondi in ordine d'importanza universale. Dopo di ciò, viaggiò attraverso l'universo per continuare il mistero della creazione, lasciando la sua autorità nelle mani di Gesù, Divini e Michele (un servitore più devoto). Questo è stato circa quindici miliardi di anni fa.

Da questo momento a oggi, l'universo è stato trasformato in modo tale che la creazione iniziale non è nemmeno riconosciuta. Il significato della vita che è quello della cooperazione, dell'unità, della carità, dell'amore, della donazione e della liberazione si è trasformato in disputa, invidia, falsità, criminalità, devastazione delle risorse naturali, amore per il denaro e il potere, individualismo e ricerca della vittoria a tutti i costi.

È lì che voglio arrivare. Sono figlio del Jahvè spirituale e sono venuto sulla terra per compiere una missione molto importante. Voglio chiamare i miei fratelli alla ricompensa di mio padre e al mio regno. Se accetti il mio invito, prometto una costante dedizione alle tue cause e alla sua suprema felicità. Che cosa Dio richiede a voi per questo?

Sii il Cristo

Circa duemila anni fa, la terra ebbe il privilegio di ricevere il primogenito di Dio. Conosciuto come Gesù Cristo fu inviato da suo padre a portare la vera parola di Dio e a redimere i nostri peccati. Con il suo esempio, durante i suoi trentatré anni di vita, Gesù ha scavato le fondamenta fondamentali dell'uomo perfetto che piace a Dio. Gesù è venuto a chiarire i punti fondamentali del rapporto dell'uomo con Dio.

Il punto principale della vita del Messia fu il suo atto di coraggio nel consegnarsi alla croce servendo come sacrificio per l'umanità peccaminosa. "Il vero amico è quello che dà la sua vita per l'altro senza riserve e Cristo ne è stato un esempio vivente."

Arrendersi, arrendersi per sé stessi dal fratello, mantenere i comandamenti espliciti e impliciti nei libri sacri e fare del bene sono sempre requisiti per ereditare il regno di Dio. Questo è il regno di Gesù, la mia e tutte le anime del bene, ognuna nel suo meritato posto.

Coltiva valori sani, piacevoli e umani assistendo nella continua evoluzione dell'universo e pianterai un buon seme verso il regno eterno. Stai lontano da cattive influenze e non supportare alcune delle tue pratiche. Saper discernere il bene dal male. Sii prudente e cauto.

Il mondo in cui viviamo è un mondo di apparenze in cui vale la pena avere più che essere. Fallo in modo diverso. Sii l'eccezione e apprezza ciò che vale davvero. Raccogli tesori nel cielo dove i ladri non rubano o la falena e la ruggine corrode.

Dopo tutto ciò che è stato detto con buoni posizionamenti, dipende da una riflessione personale e da un'attenta analisi da parte tua. È la tua libera scelta d'integrarti o meno in questo regno, ma se per caso la tua decisione è un sì, sentiti abbracciato da me e da tutte le forze celesti. Renderemo questo mondo un mondo migliore promuovendo sempre il bene e la pace. Sii uno dei "Cristo". Nel mondo futuro, a Dio piacendo, saremo insieme al padre in completa armonia e piacere. Alla prossima. Jahvè sia con te.

I due percorsi
La scelta

La terra è un ambiente naturale in cui gli esseri umani sono stati collocati per interagire tra loro, imparando e insegnando in base alle loro esperienze. Con la forza del libero arbitrio, l'essere umano si trova sempre di fronte a situazioni che richiedono un processo decisionale. In questo momento, non esiste una formula magica di risoluzione, ma un'analisi di alternative che non sempre portano risultati soddisfacenti.

Gli errori commessi in queste scelte ci rendono avere uno spirito più critico e una mente più aperta in modo che in futuro avremo più colpi sulle scelte future. È la cosiddetta esperienza di causa che si ottiene solo nel tempo.

È molto chiaro in tutta la nostra traiettoria sulla Terra che ci sono due filamenti che agiscono nell'universo: uno maligno e uno benigno. Anche se nessuno è completamente cattivo o buono, le nostre azioni preponderanti sono coloro che decideranno la nostra parte in questa controversia.

La mia esperienza

Sono figlio del Jahvè spirituale, noto come Messia, Divini, figlio di Dio, o semplicemente veggente. Sono nato in un villaggio all'interno del nordest e questo mi ha dato l'opportunità di entrare in contatto con i peggiori mali dell'umanità.

Le scelte hanno sicuramente un grande peso nella nostra vita e soprattutto nella nostra personalità. Sono figlio di agricoltori, sono cresciuto con buoni valori e li ho sempre seguiti alla lettera. Sono cresciuto nella povertà, ma non mi sono mai mancata la gentilezza, la generosità, l'onestà, il carattere e l'amore per gli altri. Tuttavia, non sono stato salvato dal maltempo.

La mia umile condizione era un grande flagello: non avevo soldi per cibo adeguato, non avevo abbastanza sostegno finanziario nei miei studi, sono cresciuto al chiuso con poca interazione sociale. Anche se tutto era difficile, ho deciso di combattere questa corrente alla ricerca di giorni migliori essendo la mia prima scelta importante.

Non è stato affatto facile. Ho sofferto molto, a volte ho perso la speranza, mi sono arreso, ma qualcosa in fondo ha detto che Dio mi ha sostenuto e preparato per me un percorso pieno di realizzazioni.

Nel momento stesso in cui mi ero già rinunciato, Dio Jahvè agiva e mi consegnava. Mi ha adottato come figlio e mi ha resuscitato completamente. Da lì decise di vivere in me per trasformare la vita delle persone più vicine.

Sta a noi

Il male e la mia sofferenza personale sono state lezioni che prendo per tutta la vita. Ho deciso con la luce, di fare del bene qui sulla terra e di avere il mio posto assicurato nel regno Divini. La promessa è che governerò con Gesù.

Proprio come ha fatto con me, mio padre può farlo anche per te, fratello. Tutto ciò che serve è l'atteggiamento e la sincera volontà di cambiare. Rinunciare al mondo e vivere per il creatore, quello che ti ama davvero.

Per tutto quello che ho vissuto, posso dire che vale molto la pena in pace con te stesso, con la famiglia e con il tuo vicino in generale. Che sii di qualsiasi religione, la scelta per una vita dedicata a Dio e di conseguenza la pratica del bene è la scelta migliore che puoi fare.

Non perdere altro tempo, cambia, esci dalla tua vita oscura e vieni dalla parte del bene. Il regno di Dio cerca di guadagnare tutti i suoi figli per una vita piena di felicità. Dopo aver raggiunto la riconciliazione con tuo padre, porta i tuoi genitori, fratelli e parenti. Fai la differenza. Ti garantisco che non sarai più lo stesso.

Beh, apprezzo la tua attenzione finora. Un grande abbraccio, fortuna e successo nei tuoi sforzi. Resta con Dio.

Destinazione

Regno della Luce, ottobre 1982

Il consiglio superiore si è riunito frettolosamente per deliberare su una domanda importante: quale sarebbe lo spirito incaricato di fare un lavoro? Uno dei membri prese la parola pronunciandosi:

Questo lavoro è molto importante. Dobbiamo scegliere qualcuno che sia della nostra piena fiducia e che sia preparato alla sfida di vivere sulla terra.

Iniziò un'accesa discussione tra i membri, ognuno con il suo suggerimento. Poiché non hanno raggiunto un accordo, si è votato rapidamente in cui è stato scelto il rappresentante eletto. Lo spirito x e l'arcangelo sono stati scelti per la loro protezione.

Una volta fatta la scelta, Jahvè respiri e gli spiriti furono mandati sulla terra. Uno per un corpo carnale e uno per un corpo spirituale, capace di sopravvivere nell'ambiente terrestre. È così che Divini e il suo Amato Arcangelo sono arrivati sulla terra e questo è il processo simile per ogni essere umano scelto. Tutti noi abbiamo l'essenza divina.

La missione

Divini nacque e crebbe tra difficoltà sbalorditive da qualche parte nel dietro le quinte di Pernambuco. Ragazzo intelligente e gentile, è sempre stato utile alle persone in generale. Anche vivere con pregiudizi, miseria e indifferenza non ha mai rinunciato a vivere. Si tratta di un grande risultato di fronte allo sgomento politico e sociale in cui è inserito il Nordest.

All'età di ventitré anni visse con la prima grande crisi finanziaria e personale. I problemi lo portarono a colpire il fondo, un periodo chiamato la notte oscura dell'anima, dove dimenticò Dio e i suoi principi. Divini stava cadendo senza sosta su una scogliera senza fondo fino a quando qualcosa non è cambiato: nel momento in cui stava per cadere a terra, l'angelo di Jahvè ha agito e lo ha liberato. Gloria a Jahvè!

Da lì le cose cominciarono a cambiare: ebbe un lavoro, iniziò il college e iniziò a scrivere per la terapia. Sebbene la situazione fosse ancora difficile, essa aveva almeno prospettive di miglioramento.

Nei quattro anni successivi, completò il college, cambiò lavoro, smise di scrivere e iniziò un'azione supplementare del suo dono che stava iniziando a svilupparsi. Iniziò così la saga del veggente.

Il significato della visione

Divini, il sensitivo, si stava curando in una clinica medica privata con un famoso parapsicologo. Dopo un lungo trattamento di sei mesi si è finalmente giunti a una conclusione nella dodicesima sessione. Trascrivo in sintesi l'incontro qui sotto:

La clinica San Lorenzo si trovava nel centro di Atalanta, entroterra di Pernambuco, un semplice edificio a un solo piani che è stato perso nel mezzo degli edifici di quella che era la capitale del entroterra. Divini era arrivato alle otto del mattino e come il medico è stato immediatamente curato. Entrambi andarono in una stanza privata e all'arrivo lì, Divini e il medico Hector Magen andarono testa a testa. Quest'ultimo ha avviato il contatto:

"Ho buone notizie. Ho sviluppato una sostanza in grado di trasformare i vostri impulsi elettrici spirituali in unità fotochimiche registrabili attraverso il mio dispositivo. A seconda dei risultati, giungeremo a una conclusione definitiva.

"Ho paura. Tuttavia, vorrei sapere tutta la verità. Vada avanti, dottore.

"Fantastico.

Il dottor Hector Magen con un cartello avvicinò Divini a uno strano dispositivo circolare ed esteso pieno di gambe e fili. Il dispositivo aveva come un lettore manuale e delicatamente il parapsicologo aiutò il giovane a postare le mani. Il contatto ha prodotto un intenso shock in Divini e i risultati sono apparsi su un mirino dall'altra parte. Pochi secondi dopo, Divini ritirò la mano e il dottore stampò automaticamente il risultato.

In possesso dell'esame, fece un volto di gioia e tornò a comunicare:

" È quello che sospettavo. Le visioni che hai fanno parte di un processo naturale associato a un'altra vita. Il tuo obiettivo è solo guidarti lungo la strada. Nessuna controindicazione.

"Vuoi dire che sono normale?

"Normale. Diciamo che sei speciale e unico sul pianeta. Penso che possiamo fermarci qui. Sono soddisfatto.

"Grazie per la dedizione e l'impegno nella mia causa. L'amicizia rimane.

"Io dico la stessa cosa. Buona fortuna, figlio di Dio.

"Anche a te, addio.

"Ciao.

Detto questo, i due se ne andarono completamente. Questo giorno segnò la rivelazione delle visioni di Divini e da lì la sua vita avrebbe seguito il corso normale.

Con la rivelazione sulle visioni, Divini decise di continuare l'opera e riprese a scrivere. A causa del suo dono, si fece chiamare "Il Veggente" e iniziò a costruire l'omonimo gruppo letterario. Tutto ciò che aveva costruito finora gli mostrò quanto fosse degno lavorare per una missione che era stata affidata dallo stesso Jahvè.

Divini attualmente affronta la vita con ottimismo. Anche se la vita gli predica ancora sorprese, persiste nei suoi obiettivi mostrando il valore e la fede della sua persona. Egli è un esempio del fatto che la vita e le sue difficoltà non sono state distrutte.

Il segreto del suo successo sta nella fede in una forza maggiore che guida tutto ciò che esiste. Armato da questa forza, è possibile per l'uomo superare le barriere e compiere il suo destino riservato nelle linee di vita.

Ecco, il segreto è questo: "Vivere la vita con gioia, con fede e speranza. Trasforma parte del suo lavoro per l'intero universo e questo è ciò che Divini vuole fare con la sua letteratura.

Buona fortuna a lui e a tutti coloro che contribuiscono alla cultura di questo paese. Buona fortuna a tutti e un abbraccio amorevole.

Autenticità in un mondo corrotto
Tristezza nei momenti difficili

L'iniquo perire e il più delle volte cerca di attribuire la colpa a Dio e agli altri. Non si rende conto che sta cercando i frutti del suo lavoro, della sua follia nel cercare di vivere indisciplinati e pieni di vizi. Il consiglio è che non mi preoccupo del successo degli altri o lo invidio. Cerca di capire e trovare la tua strada attraverso buone opere. Sii onesto, vero e autentico sopra ogni altra cosa e poi la vittoria arriverà meritando.

Coloro che rimetteranno la loro fiducia in Jahvè ne verranno delusi in nessun momento.

Vivere in un mondo corrotto

Il mondo di oggi è molto dinamico, competitivo e pieno di violenza. Essere bravi in questi giorni è una vera sfida. Spesso fedeli sperimentano situazioni di tradimento, falsità, invidia, avidità, amore. Mio padre cerca il contrario: gentilezza, cooperazione, carità, amore, determinazione, artiglio e fede. Fai la tua scelta. Se scegli bene, ti prometto assistenza in tutte le sue cause. Chiederò a mio padre i suoi sogni e lui mi ascolterà perché tutto è possibile per coloro che credono in Dio.

Coltiva valori solidificati che ti danno sicurezza e libertà. Il tuo libero arbitrio dovrebbe essere usato per la tua gloria e il tuo benessere. Scegli di essere un apostolo del bene. Tuttavia, se percorri la strada delle tenebre, non sarò in grado di aiutarti. Sarò triste, ma rispetterò qualsiasi tua decisione. Sei completamente libero.

Di fronte a un mare di fango è possibile filtrare buona acqua e questo è quello che voglio fare con voi. Il passato non ha più importanza. Ti renderò l'uomo del futuro: felice, tranquillo e soddisfatto. Saremo felici per sempre davanti a Dio Padre.

Finché esisterà il bene, la terra rimarrà

Non preoccuparti delle previsioni astronomiche sulla fine della vita sulla Terra. Ecco qualcuno che è più grande di loro. Finché ci sarà il bene sulla terra la vita rimarrà per così desidero. Con il passare del tempo, il male si diffonde sulla terra contaminando le mie piantagioni. Arriverà un momento in cui tutto sarà consumato e si farà la separazione tra bene e male. Il mio regno verrà su di voi permettendo il successo dei fedeli. In questo giorno del Signore saranno pagati i debiti e la distribuzione dei doni.

Il mio regno è un regno di delizie in cui prevarranno la giustizia, la sovranità del padre e la felicità comune. Tutti, grandi e piccoli, si inchineranno alla sua gloria. Amen.

I Giusti non saranno scossi

Nel bel mezzo di tempeste e terremoti, non essere io. Davanti a voi, c'è un Dio forte che vi sosterrà. La sua autenticità, onore, fedeltà, generosità e gentilezza lo hanno salvato. I loro atti fraterni li condurranno davanti ai grandi e sarai considerato saggio. Nella vita avete dimostrato abbastanza per essere giustificati ed elevati. Vivo!

Sii l'eccezione

Ecco, io sono giusto, cammino con integrità, praticato giustizia, dico la verità, non diffama, e non faccio del male agli altri. Sono l'eccezione in un mondo in cui il potere, il prestigio, l'influenza e l'esterno sono i più importanti. Perciò, la prego, signore, di proteggermi con le sue ali e il suo scudo da tutti i miei nemici. Che la mia autenticità porti frutto e mi località tra i grandi meritando.

Coloro che disprezzano la giustizia e la legge non conoscono né voi né i vostri comandamenti. Questi saranno presi dal tuo fienile e gettati a mo'. Nel lago di fuoco e zolfo dove pagheranno giorno e notte senza smettere per i loro peccati. Chiunque abbia orecchie che ascolta.

La mia fortezza

La mia forza è la mia fede e le mie opere testimoniano la mia bontà. Non ne ho mai abbastanza di aiutare gli altri di mio libero arbitrio. Non ho niente in cambio, il mio premio verrà dal cielo. Il giorno del Signore, quando mi radunerò tra le vostre braccia, avrei la prova che i miei sforzi sono valsi la pena.

Il mio Dio è il Dio dell'impossibile e il suo nome è Jahvè. Ha fatto innumerevoli meraviglie nella mia vita e mi tratta come un figlio. Sia benedetto il tuo nome. Unisciti anche a noi in questa catena del bene: aiuta gli afflitti e i malati, aiuta i bisognosi, istruisci gli ignoranti, dai buoni consigli, dai a coloro che non possono ripagare, e allora la tua ricompensa sarà grande. La sua dimora sarà nel regno dei cieli davanti a me e a mio padre, e poi assaggerete la vera felicità.

I valori

Coltiva i valori proposti nei comandamenti e nelle leggi Divini. Costruisci la tua autenticità e idoneità. Vale la pena essere apostolo della beatitudine sulla terra, riceverete doni e grazie meravigliosi che vi renderanno felici. Buona fortuna e successo nei tuoi sforzi è ciò che desidero con tutto il cuore.

Alla ricerca della pace interiore

Il Dio Creatore

L'universo e tutto ciò che contiene in esso è opera dello spirito santo. Le caratteristiche principali di questo essere di splendida gloria sono: Amore, fedeltà, generosità, forza, potere, sovranità, misericordia e giustizia. Le cose buone quando raggiungono la perfezione sono assimilate dalla luce e le cose malvagie vengono assorbite dall'oscurità e abbassate a livelli inferiori nelle prossime incarnazioni. Il paradiso e l'inferno sono solo stati d'animo e luoghi non specifici.

Vero amore

Nonostante sia un Dio molto grande e potente, Jahvè si prende cura di ciascuno dei suoi figli personalmente o attraverso i suoi servi. Cerca la nostra felicità a ogni costo. Come una madre o un padre, ci sostiene e ci aiuta in momenti difficili rivelando un amore incomprensibile per gli esseri umani. Veramente, sulla terra, non troviamo negli uomini questo tipo di amore puro e senza interesse.

Riconoscersi peccatore e limitato

Arroganza, orgoglio, fiducia in sé stessi, illusione e autosufficienza sono malvagi nemici dell'umanità. Contaminati, si rendono conto che sono solo una semplice massa di polvere. Vedete e confrontate: Io che ho creato i soli, i buchi neri, i pianeti, le galassie e le altre stelle, non me ne vanto più voi. Arrenditi al mio potere e prendi nuovi atteggiamenti.

LA STRADA DELLA VITA

L'influenza del mondo moderno

Il mondo di oggi crea barriere insormontabili tra l'uomo e il creatore. Viviamo circondati da tecnologia, conoscenza, opportunità e sfide. In un mondo così competitivo, l'uomo dimentica il preside, il suo rapporto con te. Dobbiamo essere come gli antichi maestri che hanno cercato Dio incessantemente e hanno obiettivi secondo la sua volontà. Solo così il successo verrà da te.

Come integrarsi con il padre

Sono la prova della vita che Dio esiste. Il creatore mi ha trasformato da piccolo sognatore di caverne a uomo riconosciuto a livello internazionale. Tutto questo è stato possibile perché mi sono integrato con mio padre. Com'è stato possibile? Ho rinunciato alla mia individualità e ho lasciato che le forze della luce agisse completamente nei miei rapporti. Fate come faccio io ed entrate nel nostro regno di delizie dove scorre latte e miele, il paradiso promesso agli Israeliti.

L'importanza della comunicazione

Non dimenticare i tuoi obblighi religiosi. Ogni volta che puoi o, almeno una volta al giorno, pregare con fervore per te e per il mondo. Allo stesso tempo, la tua anima sarà piena di grazie. Solo coloro che sono persistenti possono compiere il miracolo.

L'interdipendenza e la saggezza delle cose

Guardate l'universo e vedrete che tutto ha una ragione e una funzione anche se piccola per il funzionamento del tutto. Anche questo è con il bene che è una legione disposta a combattere per noi. Senti il Dio dentro di te.

Non dare la colpa a nessuno

Non incolpare il destino o Dio per il risultato delle tue scelte. Al contrario, rifletti su di loro e cerca di non commettere gli stessi errori. Ogni esperienza dovrebbe servire da apprendimento da assimilare.

Far parte di un intero

Non sottovalutare il tuo lavoro sulla terra. Avere così importante per la vostra evoluzione e quella degli altri. Sentiti fortunato a far parte del grande teatro della vita.

Non lamentarti

Non importa quanto il tuo problema, la vita cerca di dimostrare che ci sono persone in situazioni peggiori della tua. Si scopre che gran parte della nostra sofferenza è psicologicamente imposta da uno standard idealizzato di salute e benessere. Siamo deboli, corruttibili e ingenui. Ma la maggior parte delle persone pensa che tu sia un supereroe eterno.

Guarda da un altro punto di vista

Al momento dell'angoscia, cerca di calmarti. Notate la situazione da un altro punto di vista e poi quella che inizialmente sembra una brutta cosa avrà sicuramente i suoi aspetti positivi. Mentalmente, concentrati e cerca di prendere una nuova direzione per la tua vita.

Una verità

Siamo così affogati nelle nostre preoccupazioni che non ci rendiamo nemmeno conto dei piccoli doni, miracoli e grazie di routine che riceviamo dal cielo. Sii felice di questo. Con un piccolo sforzo, sarai benedetto ancora di più perché mio padre ti augura il meglio.

Pensate all'altro

Quando i vostri pensieri sono molto preoccupanti per vostro fratello, il cielo festeggia. Agendo generosamente, il nostro spirito è leggero e pronto per voli più alti. Fai sempre questo esercizio.

Dimentica i problemi

Esercita la creatività, la lettura, la metallizzazione, la meditazione, la carità e la conversazione in modo che i problemi non affliggono la tua anima. Non scaricare il carico pesante che porti su altri che non hanno nulla a che fare con i tuoi problemi personali. Rendi la tua giornata più libera e produttiva essendo amichevole.

Affrontare la nascita e la morte come processi

Nascere e morire sono eventi naturali che vanno visti con serenità. La preoccupazione più grande è quando si è vivi per trasformare i nostri atteggiamenti in benefici principalmente per gli altri. La morte è solo un passaggio che ci porta a un'esistenza più elevata con premi equivalenti ai nostri sforzi.

Immortalità

L'uomo diventa eterno attraverso le sue opere e i suoi valori. Questa è l'eredità che lascerà alle generazioni future. Se i frutti degli alberi sono malvagi, allora l'anima non ha alcun valore per il creatore che viene strappato e gettato nell'oscurità esterna.

Avere un atteggiamento pro attivo

Non stare lì. Cerca la conoscenza di nuove culture e incontra nuove persone. Il tuo bagaglio culturale sarà maggiore e di conseguenza i risultati saranno migliori. Sii anche un uomo saggio.

Dio è spirito

L'amore non si vede, lo senti. Così è anche con il Signore, non possiamo vederlo, ma sentiamo ogni giorno nei nostri cuori il suo amore fraterno. Ringrazia ogni giorno per tutto quello che fa per te.

Una visione di fede

La fede è qualcosa da costruire nella nostra vita quotidiana. Nutrila con pensieri positivi e atteggiamenti fermi verso il suo obiettivo. Ogni passo è importante in questo possibile lungo viaggio.

Segui i miei comandamenti

    Il segreto del successo e della felicità sta nel seguire i miei comandamenti. Non ha senso dichiarare a parole che mi ami se non segui quello che dico. Veramente coloro che mi amano sono quelli che rispettano la mia legge e viceversa.

La fede morta

    Ogni fede senza opere è veramente morta. Alcuni dicono che l'inferno è pieno di buone intenzioni e in questo sta una grande verità. Non è utile essere disposti, ma devi dimostrare che mi ami.

Avere un'altra visione

    Non tutte le sofferenze o le sconfitte sono completamente malvagie. Ogni esperienza negativa che sperimentiamo porta un apprendimento continuo, forte e duraturo nella nostra vita. Impara a vedere il lato positivo delle cose e sarai più felice.

Dalla debolezza viene la forza

Cosa fare in una delicata situazione finanziaria

    Il mondo è molto dinamico. È comune avere fasi di grande prosperità che devono tornare a periodi di grandi difficoltà finanziarie. La maggior parte delle persone quando sono in un buon momento dimenticano di continuare a combattere e la parte religiosa. Si sentono semplicemente autosufficienti. Questo errore può condurli a un abisso oscuro da cui sarà difficile fuggire. In questo momento, l'importante è analizzare la situazione freddamente, identificare le soluzioni e andare a combattere con grande fede in Dio.

    Con un sostegno religioso, sarai in grado di superare gli ostacoli e trovare modi di recupero. Non incolparti troppo per il tuo passato fallito. L'importante è andare avanti con una nuova mentalità formatasi alleata della grinta e della fede che cresceranno nel tuo cuore mentre dai la tua vita a mio padre. Credimi, sarà l'unica salvezza per tutti i tuoi problemi.

Ecco, all'uomo è stato detto che tutto gli sarà concesso finché peserà sempre la via del bene. Pertanto, sforzatevi di mantenere i comandamenti delle Sacre Scritture e le raccomandazioni dei santi. Non siate orgogliosi al punto di sminuirli perché con l'esempio della vita sono stati in grado di riconoscere Dio in mezzo alle macerie. Pensateci e buona fortuna.

Affrontare i problemi familiari

Da quando siamo nati, siamo stati integrati nella prima comunità umana che è la famiglia. È la base dei nostri valori e del nostro riferimento nelle nostre relazioni. Chiunque sia un buon padre, marito o figlio sarà anche un grande cittadino che adempie ai suoi doveri. Come ogni gruppo, i disaccordi sono inevitabili.

Non vi chiedo di evitare attriti, questo è praticamente impossibile. Vi chiedo di rispettarvi l'un l'altro, di cooperare gli uni con gli altri e di amarvi a vicenda. La famiglia unita non finirà mai e insieme potrà conquistare grandi cose.

C'è anche una famiglia spirituale consolidata in cielo: il Regno di Jahvè, Gesù e Divini. Questo regno predica giustizia, libertà, comprensione, tolleranza, fratellanza, amicizia e soprattutto amore. In questa dimensione spirituale non c'è dolore, pianto, sofferenza o morte. Tutto è stato lasciato indietro e i fedeli scelti sono vestiti con un nuovo corpo e una nuova essenza. Come è scritto, "i giusti splenderanno come il sole nel regno del loro padre".

Superare una malattia o addirittura la morte

La malattia fisica è un processo naturale che si verifica quando qualcosa non va bene con il nostro corpo. Se la malattia non è grave e viene superata, svolge il ruolo di pulizia naturale dell'anima consolidando umiltà e semplicità. Soffrire della malattia è che siamo in un momento della nostra piccolezza e allo stesso tempo inondammo la grandezza di Dio che può fare qualsiasi cosa.

In caso di malattia mortale, è il passaporto definitivo di un altro piano e secondo la nostra condotta sul campo siamo assegnati nel piano specifico. Le possibilità sono: Inferno, limbo, paradiso, città degli uomini e purgatorio. Ognuno è destinato a uno di loro secondo la loro linea evolutiva. A questo punto, otteniamo esattamente ciò che meritiamo, né più né meno.

Per coloro che rimangono sulla terra, il desiderio di quelli familiari rimane e la vita segue. Il mondo non è una tappa per nessuno, assolutamente nessuno è insostituibile. Tuttavia, le buone opere rimangono e ci testimoniano. Tutto passerà, tranne il potere di Dio che è eterno.

Incontrarsi

Dov'è la mia felicità? Cosa fare per stare bene sulla terra? Questo è quello che molte persone chiedono. Non c'è molto segreto commerciale, ma le persone vincitrici sono di solito quelle che dedicano il loro tempo al bene degli altri e dell'umanità. Servendo gli altri, si sentono completi e sono più disposti ad amare, relazionarsi e vincere.

L'educazione, la pazienza, la tolleranza e la paura di Dio sono elementi chiave nella costruzione di una personalità rara e ammirevole. Così facendo, l'uomo sarà in grado di trovare Dio e sapere esattamente ciò che desidera per la sua vita. Potresti anche pensare di essere sulla strada giusta, ma senza queste qualità sarai solo un falso. Ami solo le persone che si arrendono davvero e che capiscono l'un l'altro. Impara da me che sono puro, azioni di cura di Dio dedicate ai miei progetti, comprensione, carità e amore. Diventerà speciale per mio padre e il mondo sarà tenuto. Ricorda: No per i più grandi dell'abisso o dell'oscurità nella tua vita, dalla debolezza viene la forza.

Sophia

Giustizia

La giustizia e l'ingiustizia sono soglie l'una per l'altra, e sono molto relative nell'aspetto. Dividiamolo in due rami: quello del regno di Dio e quello dei regni umani. In relazione a Dio, la giustizia è strettamente legata alla sovranità di Jahvè che si manifesta attraverso i suoi comandamenti, per un totale di trenta secondo la mia visione. È una questione pratica: o segui le norme del regno di Dio o no e per coloro che si rifiutano di vedere la grandezza di questi obiettivi rimane il lamento di un'anima che si è persa. Tuttavia, le anime ribelli che riescono a risorgere a un certo punto della vita possono credere fermamente nella misericordia di Jahvè, il suo santo padre. Dio padre è un essere d'incarichi infiniti.

La giustizia umana ha le sue linee guida in ogni nazione. Gli uomini nel tempo si sforzano di garantire la pace e il diritto sulla terra, anche se questo non sempre accade. Ciò è dovuto a una legislazione obsoleta, alla corruzione, ai pregiudizi nei confronti dei minori e al fallimento umano stesso. Se ti senti in torto come ho mai sentito dato il tuo appello a Dio. Capirà il dolore e assicurerà la sua vittoria al momento giusto.

L'ingiustizia sotto ogni aspetto è un male dell'umanità antica e contemporanea. Deve essere combattuta in modo che i giusti possano avere ciò che è giustamente tuo. Quello che non può succedere è cercare di rendere giustizia alla sua perseverante. Ricordate che non è Dio giudicare e condannare nessuno.

"Quando ti invoco, rispondimi, Dio della mia giustizia". (SM 4.2)

Il rifugio al momento giusto

Siamo esseri spirituali. A un certo punto della nostra esistenza in cielo, siamo scelti e incarnati in un corpo umano al momento della fecondazione. L'obiettivo è quello di compiere la missione evolvendo con altri esseri umani. Alcuni con missioni più grandi e altri con quelli più piccoli, ma tutti con una funzione a cui il pianeta non può rinunciare.

Il nostro primo contatto è all'interno di una famiglia e di solito è con queste persone che viviamo più a lungo e per tutta la vita. Anche i bambini che sposano il legame di famiglia non si estingueranno.

Con il contatto sociale, abbiamo accesso ad altre nostre diverse opinioni. È esattamente qui che risiede il pericolo. Al giorno d'oggi, abbiamo una massiccia generazione di giovani che cercano il lato malvagio. Sono adolescenti e adulti che non rispettano i loro genitori, adorano la droga e la fanno rubare e persino uccidere. Anche le cosiddette persone di fiducia possono nascondere un pericolo quando cercano di influenzarci a fare il male. C'è anche l'altra parte: bombardata dalla falsità, dalla violenza, dal bullismo, dal pregiudizio, dalla menzogna, dalla slealtà che molti non credono nel genere umano e vicino a nuove amicizie. È salutare riflettere sul fatto che è davvero difficile trovare persone affidabili, ma se sei uno di questi fortunati tienile sul lato destro e sinistro del petto per il resto della tua vita.

Esposto questo, quando cadi in qualche disgrazia, rivolti ai tuoi veri amici o familiari stretti e se ancora non trovi il supporto cerca Dio *il rifugio al momento giusto*. È l'unico che non lo abbandonerà più perché la sua situazione è traballante. Dona il tuo dolore e la tua fede in giorni migliori nel Dio dell'impossibile e non ti pentirai.

"Nell'angoscia mi hai confortato. Abbi pietà di me e ascoltami **Preghiera.** (Salmo 4.2)

La seduzione del mondo inversa la via di Dio

Il mondo è la grande area in cui i figli di Dio e il diavolo lavorano per le loro cause. Come in qualsiasi mondo in ritardo in termini di evoluzione, viviamo una dannata dualità che soffoca le persone in gruppi che insieme formano la società.

Anche se diciamo che la maggior parte delle persone ha buone intenzioni, ciò che vedete è una virtualizzazione del buon senso. La maggior parte preferisce le cose del mondo alle cose di Dio. Le persone bramano il potere, il denaro, competono per il prestigio, affondano in partiti indisciplinati, praticano l'esclusione e la promozione indisciplinata, praticano pettegolezzi e calunniano l'altro, preferiscono scalare la scala della gerarchia frodando, denunciando e scavalcando gli altri. Io, in qualità di rappresentante di Jahvè, non ho dubbi sul fatto che queste persone non siano di Dio. Sono figlie del diavolo, tara che saranno bruciate senza pietà nelle larve dell'abisso nella resa dei conti. Non è un giudizio, è la realtà nel rapporto tra raccolta delle piante.

Se avete valori e avete fede nelle forze del bene, vi invito a far parte del regno di vostro padre. Rinunciando al mondo, vedrete finalmente la grandezza e la bontà del nostro Dio. Un padre che ti accetta come sei e che ti ama con amore più grande di quanto la tua comprensione raggiunga. Fai la tua scelta. Qui tutto è fugace e accanto a noi puoi sperimentare cosa significa davvero la parola *"Piena felicità."*

"Oh uomini, per quanto tempo tu avrà il suo cuore indurito, la vanità dell'amore e cercare la menzogna? (Salmo 4:3).

Conoscere Jahvè

Jahvè è l'essere più meraviglioso che ci sia. Dalla mia esperienza, ho conosciuto il volto di questo padre amorevole che vuole sempre il nostro bene. Allora perché non dargli una possibilità? Donagli le tue croci e le tue speranze affinché una mano forte possa trasformare la tua vita. Ti garantisco che non sarai più lo stesso. Spero sinceramente che rifletterà queste poche parole. Ti aspetterò. Buona Fortuna. Vi voglio bene, fratelli!

I giusti e il rapporto con Jahvè
Il rapporto con Jahvè

Ringrazia sempre il tuo padre spirituale per tutte le grazie conferita per tutta la vita. Sentirsi grato e felice che Jahvè gli abbia dato la vita è un obbligo. Il suo nome è santo e coperto di gloria in tutte le parti del mondo. In caso di angoscia o necessità ricorrere ad esso e sicuramente aprirà le sue vie mostrando una soluzione definitiva al tuo problema.

A proposito di problemi, molti di loro hanno come causa l'azione dei loro nemici. Appello con fiducia a mio padre e chiunque voglia il male inciamperà. Sappiate che Dio padre sarà sempre al vostro fianco, abbiate più fiducia in Lui. I giusti sono sempre riposati dal padre. Tuttavia, è importante provare un approccio con le tue antipatie. Rendi il tuo nemico un amico fedele o almeno avere una relazione amichevole. Un intrigo tiene l'anima nell'oscurità, lontana dall'azione divina e invano lamentandosi dell'assenza, tu stesso l'hai tenuta lontana con il tuo rancore e disprezzo verso gli altri. Pensaci.

Sì, Dio ti amerà e incontrerà le tue aspettative nella misura del bene che hai fatto agli altri. Assicurati che se lo arredi completamente, farà combattere il suo popolo per te in ogni guerra interna ed esterna che si verifica. Egli potrà aprire il mare o distruggere le nazioni per il suo bene perché con fede vi siete rivolti a Lui.

Lo fa perché canti la sua gloria e nello sgomento la sua anima si unisca alle anime scelte per tenere a freno Gesù. Il regno di Dio viene costruito a poco a poco e la maggior parte dei suoi membri sono poveri e umili di cuore. In questa dimensione spirituale c'è solo pace, felicità, fede, uguaglianza, cooperazione, fraternità e amore senza limiti tra i suoi membri. Coloro che hanno deciso di seguire la via delle tenebre, sono ora il lago di fuoco e di zolfo, dove saranno tormentati giorno e notte a causa della gravità dei loro peccati.

Questa si chiama giustizia divina. La giustizia dà ciò che tutti meritano di diritto e lo fa in onore degli oppressi, delle minoranze, dei poveri sofferenti, di tutti i più piccoli del mondo che soffrono per mano dell'élite conservatrice. Oltre alla giustizia, si trova la misericordia divina, inspirabile e impenetrabile a qualsiasi mente. Ecco perché è Dio, qualcuno che sarà sempre a braccia aperte per ricevere i suoi figli.

Cosa dovresti fare

Ho incontrato il padre Divini nel momento più difficile della mia vita, in un istante in cui ero morto e le mie speranze si sono esaurite. Mi ha insegnato i suoi valori e mi ha riabilitato completamente. Può fare lo stesso con te. Tutto quello che devi fare è accettare l'azione del suo glorioso nome nella sua vita.

Seguo alcuni valori fondamentali: amore prima di tutto, comprensione, rispetto, equivalenza, cooperazione, tolleranza, solidarietà, umiltà, distacco, libertà e dedizione alla missione. Cerca di prenderti cura della tua vita e non calunniare l'altro perché Jahvè giudica i cuori. Se qualcuno ti fa del male, non ripensarci, gira l'altra guancia e supera il tuo rancore. Tutti perdono e meritano un'altra possibilità.

Cerca di occupare la tua mente con attività lavorative e ricreative. L'ozio è un nemico pericoloso che può portarti alla rovina definitiva. C'è sempre qualcosa da fare.

Cercate anche di rafforzare la vostra parte spirituale, frequentare frequentemente la vostra chiesa e ottenere consigli dalla vostra guida spirituale. È sempre bene avere una seconda opinione quando ci troviamo in dubbio su qualche decisione da prendere. Sii prudente e impara dai tuoi errori e successi.

Soprattutto, sii te stesso in tutte le situazioni. Nessuno tradisce Dio. Agite nella semplicità e siate sempre fedeli che Dio vi affiderà posizioni ancora più grandi. La loro grandezza in cielo sarà quantificata nella loro servitù, la più piccola della terra sarà abbellita da luoghi speciali, vicini alla luce più grande.

Vi do tutta la mia speranza

Signore Jahvè, voi che guardate i miei sforzi giorno e notte, chiedete la guida, la protezione e il coraggio di continuare a portare le mie croci. Benedici le mie parole e le mie azioni in modo che siano sempre buone, beatificate il mio corpo, la mia anima e la mia mente. Che i miei sogni si avverino senza mare per quanto possano essere. Non mi permetta di girare a destra o a sinistra. Quando morirai, dammi la grazia di vivere con gli eletti. Amen.

Amicizia

Il vero amico è quello che è con te nei momenti brutti. È lui che ti difende con la sua anima e la sua vita. Non farti ingannare. In tempi di bonanza, sarai sempre circondato da persone con gli interessi più vari. Ma nei tempi bui, rimangono solo quelli veri. Per lo più la tua famiglia. Coloro che implicano così tanto e vogliono il loro bene sono i loro veri amici. Altre persone si avvicinano sempre a causa dei vantaggi.

"Mangerai pane al miele con me solo se mangi erba con me." Questa vera frase riassume a chi dovremmo dare un vero valore. La ricchezza passeggera attira molti interessi e le persone si trasformano. Saper riflettere sulle cose. Chi era con te in povertà? Sono queste persone che meritano davvero il vostro voto di fiducia. Non farti ingannare dalle false passioni che fanno male. Analizza la situazione. Qualcuno avrebbe la stessa sensazione per te se fossi un povero mendicante? Medita su di esso e troverai la tua risposta.

Chi ti nega in pubblico non è degno del suo amore. Chiunque abbia paura della società non è disposto ad essere felice. Molte persone che temono di essere respinte a causa del loro orientamento sessuale rifiutano i loro partner in pubblico. Ciò causa gravi disturbi psicologici e dolore emotivo persistente. È ora di ripensare le tue scelte. Chi ti ama davvero? Sono sicuro che questa persona che ti ha rifiutato in pubblico non è tra loro. Prendi coraggio e cambia la traiettoria della tua vita. Lascia il passato alle spalle, fai un buon piano e vai avanti. Nel momento in cui smetti di soffrire per l'altro e prendi le redini della tua vita, il tuo percorso sarà più leggero e più facile. Non abbiate paura e prendete un atteggiamento radicale. Solo questo può liberarti.

Perdono

Il perdono è estremamente necessario per raggiungere la tranquillità. Ma cosa significa perdonare? Il perdono non è dimenticare. Perdonare è porre fine a una situazione che ti ha portato tristezza. È impossibile cancellare i ricordi di quello che è successo. Questo lo porterà con te per il resto della tua vita. Ma se rimani bloccato nel passato, non vivrai mai nel presente e non sarai felice. Non lasciare che gli altri mantengano la tua pace. Perdonatemi se andavo avanti e vivevo nuove esperienze. Il perdono ti libererà finalmente e sarai pronto ad avere una nuova visione della vita. Quell'uomo che ti ha fatto soffrire non può distruggerti la vita. Pensa che ci siano altri uomini buoni in grado di fornirti bei momenti. Avere un atteggiamento positivo. Tutto può migliorare quando ci credi. Le nostre vibrazioni positive influenzano le nostre vite in modo tale da poter trionfare. Non hanno atteggiamenti negativi o meschini. Questo può portare a risultati distruttivi. Sbarazzati di tutto il male che attraversa la tua anima e filtra solo il bene. Tieniti le cose buone. Credimi, la tua vita migliorerà dopo questo atteggiamento.

Parla francamente con la tua antipatia. Chiarisse le tue aspettative. Spiega che hai perdonato, ma non gli darà una seconda possibilità. Rivivere un passato amorevole può essere altamente distruttivo per entrambi. La scelta migliore è prendere una nuova direzione e cercare di essere felici. Tutti meritiamo felicità, ma non tutti ci credono. Saper aspettare il tempo di Dio. Sii grato per le cose buone che hai. Continua a cercare i tuoi sogni e la tua felicità. Tutto accade al momento giusto. I piani del creatore per noi sono perfetti e non sappiamo nemmeno come capire. Dai la tua vita completamente ai disegni di Dio e tutto funzionerà. Abbraccia la tua missione con gioia e avrai piacere di vivere. La sensazione di perdono trasformerà la tua vita in un modo a cui non hai mai pensato e quel brutto evento sarà solo un ostacolo obsoleto. Se non impari nell'amore, impari nel dolore. Questo è un detto applicabile a questa situazione.

Trovare la tua strada

Ogni persona ha una traiettoria particolare e unica. Non ha senso seguire alcuni parametri. L'importante è ricercare le possibilità. Avere abbastanza informazioni è fondamentale per prendere una decisione professionale o amorevole. Credo che il fattore finanziario debba essere preso in considerazione, ma non dovrebbe essere essenziale nella sua decisione. Spesso ciò che ci rende felici non sono i soldi. Sono le situazioni e le sensazioni di una certa area. Scopri il tuo regalo, rifletti sul tuo futuro e prendere una decisione. Sii soddisfatto delle tue scelte. Molti di loro stanno trasformando in modo definitivo il nostro destino. Quindi pensa bene prima delle scelte.

Quando facciamo la scelta giusta, tutto nella nostra vita scorre perfettamente. Le scelte giuste ci portano a risultati concreti e duraturi. Ma se fai un errore nella tua decisione, cambia i tuoi piani e prova a farlo bene la prossima volta. Non sortirti del tempo perduto, ma la vita ti ha dato una nuova possibilità di successo. Abbiamo diritto ad ogni possibilità che la vita ci dia. Abbiamo il diritto di provare tutte le volte di cui abbiamo bisogno. Chi non ha mai commesso un errore in vita loro? Ma rispetta sempre i sentimenti degli altri. Rispetta le decisioni degli altri. Accetta il tuo fallimento. Questo non diminuirà la tua capacità. Abbraccia il tuo nuovo inizio e non peccare di nuovo. Ricordi cosa disse Gesù? Possiamo anche perdonare, ma devi vergognarti e cambiare atteggiamento. Solo allora sarai pronto ad essere di nuovo felice. Credi nelle tue qualità. Avere buoni valori etici e non umiliarsi con nessuno. Crea una nuova storia.

Come vivere al lavoro

Il lavoro è la nostra seconda casa, l'estensione della nostra felicità. Deve essere un luogo di armonia, amicizia e complicità. Tuttavia, questo non è sempre possibile. Perché succede? Perché non sono felice al lavoro? Perché sono perseguitato? Perché lavoro così duramente e sono ancora povero? Queste e molte altre questioni possono essere discusse in questa sede.

Il lavoro non è sempre armonico perché viviamo con persone diverse. Ogni persona è un mondo, ha i suoi problemi e colpisce tutti intorno. È lì che accadono i combattimenti e i disaccordi. Questo causa dolore, frustrazione e rabbia. Sogni sempre un posto di lavoro perfetto, ma quando si tratta di delusione ti porta disagio. Di conseguenza, eravamo infelici. Spesso, il suo lavoro è il suo unico punto di sostegno finanziario. Non abbiamo la possibilità di dimettermi, anche se spesso lo vogliamo. Si annulla e si ribella. Ma rimane nel lavoro per necessità.

Perché siamo inseguiti da capi e colleghi? Ci sono molte ragioni: invidia, pregiudizio, autoritarismo, mancanza d'amore. Ci segna per sempre. Questo genera una sensazione di inferiorità e disillusione. È terribile doversi mantenere la pace quando si vuole urlare al mondo che è giusto. Fai un lavoro perfetto e non sei riconosciuto. Non ricevi complimenti, ma il tuo capo fa un punto di criticarti. Colpisci mille volte, ma se fai un errore una volta che sei chiamato incompetente. Anche se so che il problema non è in te, genera un trauma costante nella tua mente. Diventi un oggetto di lavoro.

Perché lavoro così duramente e sono povero? Deve essere una riflessione. Viviamo nel capitalismo, un sistema economico selvaggio in cui i poveri vengono sfruttati per generare ricchezza per i ricchi. Ciò avviene in tutti i settori dell'economia. Ma essere impiegati può essere un'opzione. Possiamo impegnarci in quasi tutti i settori con pochi fondi. Possiamo creare la nostra attività ed essere capi di noi stessi. Questo ci porta un'incredibile fiducia in noi stessi. Ma nulla può essere fatto senza pianificazione. Dobbiamo valutare il lato positivo e negativo in modo da poter decidere quale sia il modo migliore. Abbiamo sempre bisogno di avere un background, ma soprattutto dobbiamo essere felici. Dobbiamo essere proattivi e diventare protagonisti della nostra storia. Dobbiamo trovare il "punto d'incontro" delle nostre esigenze. Ricorda che sei l'unico che sa cosa è meglio per te.

Vivere con persone irascibile al lavoro

Spesso trovi al lavoro il tuo peggior nemico. Quella persona noiosa che ti insegue e inventa cose per farti del male. Ad altri non piai per nessun motivo apparente. È così doloroso. Dover convivere con i nemici è una cosa terribile. Ci vuole molto controllo e coraggio. Dobbiamo rafforzare il lato psicologico per superare tutti questi ostacoli. Ma c'è anche un'altra opzione. È possibile cambiare lavoro, richiedere un trasferimento o creare la propria attività. Cambiare ambienti a volte aiuta molto la situazione in cui ti trova.

Come affrontare i reati? Come reagire di fronte agli attacchi verbali? Non credo sia bello tenere la bocca chiusa. Questo dà una falsa impressione che tu sia uno sciocco. Reagire. Non lasciare che nessuno ti faccia del male. Devi separare le cose. Una cosa è che il tuo capo raccoglie i risultati del tuo lavoro, e un'altra cosa molto diversa è inseguirti. Non lasciare che nessuno strozzi la tua libertà. Sii autonomo nelle tue decisioni.

Prepararsi ad avere un reddito da lavoro autonomo

Per poter lasciare il lavoro ed essere indipendenti, dobbiamo analizzare il mercato. Investi il tuo potenziale in ciò che ti piace di più. È bello lavorare su quello che ti piace. Devi combinare la felicità con il reddito finanziario. Lavorare e fare una buona riserva finanziaria. Quindi investi con la pianificazione. Calcola tutti i tuoi passaggi e passaggi. Ricerca e consultare esperti. Sii sicuro di quello che vuoi. Con un modo per andare, tutto sarà più facile per te.

Se la tua prima opzione non funziona, rivaluta il tuo percorso e persisti nei tuoi obiettivi. Credi nel tuo potenziale e nel tuo talento. Coraggio, determinazione, audacia, fede e perseveranza sono gli elementi essenziali del successo. Metti Dio al primo posto e verranno aggiunte tutte le altre cose. Avere fiducia in sé stessi ed essere felici.

Analisi delle opzioni di specializzazione negli studi

Lo studio è essenziale per il mercato del lavoro e per la vita in generale. La conoscenza ci aggrega e ci trasforma. Leggere un libro, fare un corso, avere una professione e avere una visione ampia delle cose ci aiuta a crescere. La conoscenza è il nostro potere contro gli attacchi dell'ignoranza. Ci porta su una strada più chiara e precisa. Pertanto, specializzati nella tua professione ed essere un professionista competente. Sii originale e crea tendenze di consumo. Liberati dal pessimismo, prendi più rischi e persisti. Credi sempre nei tuoi sogni perché sono la tua bussola nella valle delle tenebre. Possiamo fare tutto in lui che ci rafforza.

Ricerca la tua area di competenza. Creare meccanismi di apprendimento. Reinventati. Diventare ciò che hai sempre sognato può essere possibile. Ci vuole solo un piano d'azione, una pianificazione e una forza di volontà. Crea il tuo successo e sarai felice. Molto successo per te.

Cos'è la famiglia

La famiglia sono le persone che vivono con te, che siano imparentati o meno. È il primo nucleo familiare di cui fai parte. Generalmente, questo gruppo è composto da padre, madre e figli.

Avere una famiglia è di fondamentale importanza per lo sviluppo umano. Impariamo e insegniamo in questo piccolo nucleo familiare. La famiglia è la nostra base. Senza di lei, non siamo niente. Ecco perché questa sensazione di appartenenza a qualcosa riempie l'anima dell'essere umano.

Tuttavia, quando viviamo con persone gelose o malvagie, può ostacolare la nostra evoluzione personale. In questo caso, si applica il seguente detto: "Meglio solo che scarsamente accompagnato". L'uomo ha anche bisogno di crescere, conquistare i propri spazi e formare la propria famiglia. Fa parte della legge naturale della vita.

Come rispettare ed essere rispettati

La più grande regola di vivere in una famiglia dovrebbe essere il rispetto. Anche se possono vivere insieme, non dà diritto all'altro di immischiarsi nella loro vita. Riaffermate tale posizione. Avere il tuo lavoro, la tua stanza, le cose della tua gente separatamente. Ogni famiglia deve avere la propria personalità, azioni e desideri rispettati.

Vivere insieme o uscire di casa e avere più privacy? Molti giovani si vengono spesso posti questa domanda. Dalla mia esperienza personale, vale la pena lasciare la casa solo se hai un supporto fuori casa. Credimi, la solitudine può essere il peggiore dei tuoi nemici e maltrattarti molto.

Ho vissuto per quattro mesi con la scusa che sarei stato più vicino al lavoro. Ma in realtà stavo cercando di trovare l'amore. Pensavo che vivere nella grande città mi avrebbe reso più facile cercare. Ma non è quello che è successo. Le persone si sono complicate nel mondo moderno. Oggi, ciò che prevale è il materialismo, l'egoismo e la malvagità.

Vivevo in un appartamento. Avevo la mia privacy, ma mi sentivo totalmente infelice. Non sono mai stata una festa giovane, né ho bevuto. Vivere da solo non mi piace molto. Alla fine, mi sono reso conto che le mie responsabilità erano aumentate piuttosto che diminuite. Così ho deciso di andare a casa. Non è stata una decisione facile. Sapevo che c'erano finite le mie speranze di trovare qualcuno. Sono del gruppo LGBT. È impensabile avere un ragazzo a casa perché la mia famiglia è totalmente tradizionale. Non mi accetteranno mai per quello che sono.

Sono tornato a casa pensando di concentrarmi sul lavoro. All'età di trentasei anni, non avevo mai trovato un partner. Ha accumulato cinquecento rifiuti e questo è aumentato ogni giorno. Poi mi sono chiesto: Perché questo bisogno di trovare la felicità nell'altro? Perché non posso realizzare i miei sogni da solo? Tutto quello che dovevo fare era avere un buon supporto finanziario e potevo godermi meglio la vita. Questo pensiero di essere felici accanto a qualcuno è quasi obsoleto in questi giorni. Succede raramente. Così ho continuato la mia vita con i miei progetti. Sono uno scrittore e un regista.

Dipendenza finanziaria

Saper affrontare la questione finanziaria è fondamentale in questi giorni. Nonostante viva come una famiglia, ognuno deve avere il proprio sostentamento. Molte volte ho dovuto aiutare la mia famiglia perché sono l'unico che ha un lavoro stabile. Ma la situazione è stata molto difficile quando mi hanno aspettato. È per questo che anch'io ho lasciato la casa. Dovevano svegliarsi con la realtà. Aiutare è buono quando hai gli avanzi. Ma non è giusto che io lavori e che altre persone si goda i miei soldi più di me stesso.

Questo esempio dimostra quanto sia importante la consapevolezza. Dobbiamo separare le cose. Ognuno deve cercare di lavorare. Ognuno ha la capacità di sopravvivere. Dobbiamo essere protagonisti della nostra storia e non dipendere dagli altri. Ci sono situazioni di malattia nel mondo di oggi. Uomini e donne profitteresti. Quello non è amore. È solo interesse finanziario. Essere ingannati dall'amore porterà solo sofferenza.

Capisco che non sia facile affrontare alcune situazioni. Ma dobbiamo essere razionali. Il figlio si è sposato. Lascia che prenda il controllo della sua vita. Nipoti di cui curarsi? Niente affatto. Questa è la responsabilità dei genitori. Tu che sei già in età avanzata dovresti goderti la vita viaggiando e facendo attività piacevoli. Hai svolto il tuo ruolo. Non vuoi prenderti cura delle responsabilità degli altri. Questo può essere molto dannoso per te. Fai una riflessione interiore e vedi cosa è meglio per te.

L'importanza dell'esempio

Quando parliamo di bambini, parliamo del futuro del paese. Quindi è della massima importanza che abbiano una buona base familiare. In generale, sono il riflesso dell'ambiente in cui vivono. Se abbiamo una famiglia strutturata e felice, la tendenza è che i giovani seguano questo esempio. Ecco perché il detto è vero: "Chi è un buon figlio è un buon padre". Tuttavia, questa non è una regola generale.

Spesso abbiamo giovani ribelli. Anche se hanno genitori meravigliosi, si appoggiano al male. In tal caso, non sentirti in colpa. Hai fatto la tua parte. Ogni essere umano ha il suo libero arbitrio. Se il bambino ha scelto il male, ne porterà le conseguenze. È naturale in una società. C'è il bene e il male. Questa è una decisione personale.

Ho scelto il bene e oggi sono una persona totalmente felice, onesta e sana. Sono un esempio di perseveranza e speranza verso i miei sogni. Credo nei valori dell'onestà e del lavoro. Insegnate questo ai vostri figli. Lenire il bene e raccogliere il bene. Siamo il frutto dei nostri sforzi, né più né meno. Ognuno ha quello che merita.

Fine

www.ingramcontent.com/pod-product-compliance
Lightning Source LLC
LaVergne TN
LVHW040201080526
838202LV00042B/3264